입영작 영어회화 : 4. 영어로 진짜 길게 말하기

지은이 마스터유진
초판 1쇄 발행 2017년 4월 20일
초판 3쇄 발행 2021년 4월 20일

발행인 박효상   **편집장** 김현   **기획·편집** 김설아   **디자인** 이연진
본문·표지디자인 싱타디자인 고희선
마케팅 이태호, 이전희   **관리** 김태옥

종이 월드페이퍼   **인쇄·제본** 현문자현

출판등록 제10-1835호   **발행처** 사람in   **주소** 04034 서울시 마포구 양화로 11길 14-10 (서교동) 3F
전화 02) 338-3555(代)   **팩스** 02) 338-3545   **E-mail** saramin@netsgo.com
Website www.saramin.com

책값은 뒤표지에 있습니다.
파본은 바꾸어 드립니다.

ⓒ 마스터유진 2017

ISBN
978-89-6049-621-7 14740
978-89-6049-613-2 (세트)

우아한 지적만보, 기민한 실사구시   사람in

 **입으로 영어 문장 만들기**

입영작
영어회화

마스터유진 지음

영어로 진짜 길게 말하기

사람in

Prologue 프롤로그

다음과 비슷한 말들을 한번쯤은 들어보셨을 수도 있겠습니다.

"영어 교육에 들어가는 돈이 연간 7조가 넘는데 우리가 여전히 영어를 못하잖아요?"
"그게 다 쓸데없이 문법에 시간을 너무 낭비해서 그래요."
"어린아이들 좀 보세요. 그런 거 몰라도 영어 잘하잖아요?"
"우리도 그렇게 하면 된다는 겁니다. 자, 문법 그만하고 스피킹 합시다."

영어를 마스터하는 과정에 있는 성인에게 스피킹의 핵심 엔진인 문법을 무시하라는 말. 그 말이 얼마나 위험하고 무책임하며 상업적인 말인지 아셔야 합니다.

미국에서 오랜 시간을 이민자(1.5세)로 살았음에도 불구하고 저는 대한민국의 어휘·문법 중심의 영어 교육이 잘못되었다고 절대로 생각하지 않았습니다. 그 생각은 지금도 변함이 없으며 앞으로도 변하지 않을 것입니다. 사실이기 때문에.

FACT : 어휘·문법 교육은 역사상 시류나 유행을 탄 적이 없으며 전세계 공통으로 이루어지고 있다.

외국에서는 성인들이 영어를 배울 때 문법을 안 배운다?
아뇨, 당연히 배웁니다. 화려한 **문법 용어**에 집착하지 않는 것뿐입니다.

최근 대한민국 영어 시장은 아이들의 뇌와 성인의 뇌는 달라서 언어를 습득하는 방식도 다르다고 주장합니다. 그 주장이 사실이라고 가정한다면, 아이들과는 다른 **성인들을 위한** 최적의 방식을 제시해 주는 것이 맞습니다. 그런데 여기서부터 모순이 시작됩니다. 다짜고짜 아이들이 영어를 문법 없이 습득하니까 성인들도 같은 방식을 따라야 한다고 합니다. 그리곤 얼마 후 잘 포장된 새로운 영어 상품들이 시장에 쏟아집니다.

저기… 아깐 뇌도 다르고 습득 방식도 다르다면서요…

어린아이가 아닌 성인이 문법 없이 영어를 마스터하려면 타임머신을 타고 어린 시절로 돌아가야 합니다. 그런데 이 타임머신이라는 것, 그게 구하기가 생각보다 쉽지 않습니다.

마스터유진의 스토리

제가 미국으로 떠난 당시에는 대부분의 미국 이민자들이 부유해서 한국을 떠난 것이 아니었습니다. 어려운 경제 사정 속에서 살길을 찾아보려고 힘들게 떠나는 경우가 많았죠. 저와 제 어머니도 예외는 아니었습니다. 그렇게 전 낯선 뉴욕의 JFK 공항에 내리게 됩니다.

등교 첫날, 아무것도 모른 채 노란색 스쿨버스에 올라탔다가 하교 후 언어적, 문화적 충격에 휩싸여 고개 숙인 채 눈물을 뚝뚝 흘리며 문 앞에 서 있던 저를 보고 어머니께서는 가슴이 찢어졌다고 하십니다. (사실 눈물은 어머니 당신께서 더 많이 흘리셨을 거란 생각이 듭니다.)

저는 한국에 사는 동안, 여느 학생들과 같은 방식으로 어휘·문법 위주의 영어 공부를 했습니다. 뒤늦게 고등학생 신분으로 한국을 떠날 때는 "쓸데없는 문법은 잊고 미국 가서 무조건 말을 내뱉어 보면 어떻게든 해결되겠지." 라는 근거 없는 자신감만 가득했고 그 결과는 참담했습니다.

고등학교 시절은 어떻게든 손짓 발짓하며 넘어갈 수 있었습니다. 하지만 대학에 진학하면서 제 영어는 더욱 비참하게 무너졌습니다. 단어로 겨우겨우 대화를 이어 가는 수준의 제 모습. **무조건 내뱉고 보는 스피킹**의 최후는 그러했습니다.

모든 수업의 그룹 프로젝트에서 전 항상 깍두기였습니다. '미국 가면 한국에서 배운 어휘·문법 따윈 쓸모 없을 거라 다들 그랬는데. 그래서 다 무시하고 미국 스타일로 무작정 내뱉고 있는데, 이게 왜 안 되는 거지?' 그건 저만의 바보 같은 착각이었던 것이죠.

제 영어 실력은 간신히 커피를 주문할 정도의 **단어 수준** 혹은 **단순한 회화 수준**일 뿐, 디테일한 질문을 할 수 있다거나 문장을 자유롭게 확장해 갈 수 있는 건 아니었습니다. 사람들 앞에서 영어로 멋지게 프레젠테이션을 한다? 상상도 할 수 없는 일이었지요. 앞으로 평생을 미국에서 먹고 살아야 하는데 참으로 암담했습니다.

그러던 중, 저는 저학년 필수 과목 중 하나인 Freshman Composition (기초 작문) 과목의 Term Paper (리포트)에서 F를 받게 됩니다. 이것은 단순한 실수가 아니었으며 꽤 괜찮다고 스스로 믿어 왔던 어휘·문법 실력 자체를 의심하게 만든 운명적인 계기가 됩니다. "혹시 난 입으로 말하는 것 이전에, 기본기 자체가 약한 건 아닐까? 손으로도 문장 하나 제대로 못 만드는데 과연 입으로는 나올까? 심지어 남이 말했을 때 그걸 듣고 이해라도 할 수 있을까?"

그날을 기점으로, 전 무조건 나가서 외국인들과 얘기하는 시간은 오히려 줄이고, 한국에서 들고 온 단어집과 문법책으로 기초 공사를 다시 하면서 각 챕터를 마칠 때마다 해당 내용으로 영작하는 연습을 수도 없이 반복하기 시작합니다. 이렇게 **제대로 익힌 문장들을 다시 한번 입으로 전환시키는 것의 반복. 그것이 입영작 (Verbal Writing)의 모태가 되었고, 후에 수 천명의 클라이언트들과 안정된 문장들로 소통하고 있는 스스로를 발견하게 됩니다.

단어 수준 혹은 단순한 회화 수준을 넘어,
자신의 생각을 뚜렷하고 디테일하게 전달할 수 있는 수준으로 끌어올리는 방법.
기적이 아닌, 가장 정직하고 효율적이며 결과물이 확실한 방법.
그리고 무엇보다 **누구나 할 수 있는** 방법.
이것이 바로 입영작 (Verbal Writing)이 설계된 방식입니다.

후회하지 말 것!

초중고 및 대학 시절, 우리는 시험 영어 위주로 영어를 배워 왔습니다. 그러나 참으로 다행인 것은 적어도 그 덕에 전세계 그 누구보다 어휘력이 우수한 편이며, 문법적으로 틀린 문장을 보면 어느 정도 의문을 품을 수 있는 실력을 가지게 되었다는 것입니다. 수년간 배워 왔기에, 자신도 모르는 사이에 완벽하진 않을지라도 어느 정도는 체화된 것이죠. (이것이 바로 반복의 무서움)

education = 교육 / love = 사랑	(단어)
be interested in = ~에 관심이 있다	(덩어리 표현)
I will cry yesterday. (X) I cried yesterday. (O)	(시제)
You am a model. (X) You are a model. (O)	(주어-동사 일치)
Study English I. (X) I study English. (O)	(어순)

위의 것을 전부 알지는 못해도, 그렇다고 "이런 게 도대체 뭐야? 한번도 못 들어봤는데?"라고 하는 분들도 거의 없을 것입니다. 주입식 어휘·문법 교육은 적어도 우리에게 이러한 기본적이고도 필수적인 지식을 선물해 주었습니다. 이것은 여러분이 반복적인 노출을 통해 쌓아온 가치 있는 자산이므로 안타까워하거나 후회하면 안 되는 부분입니다.

이제 여러분에겐 두 가지 선택권이 주어졌습니다.

> **1. 평생 시스템 탓만 하며 영어를 못하는 것**
> **2. 자산을 확장시켜 영어를 마스터하는 것**

자산 확장을 결심했다면 앞으로 여러분의 스피킹은 이 책을 통해 날개를 달게 될 것입니다.

무엇이 문제인가?

그렇다면 이런 의문이 들 것입니다. "대한민국에서 강조해 온 어휘·문법 중심의 영어 공부가 정말 잘한 일이라면, 왜 우리는 아직도 영어 벙어리인가?"

> **정답: 우리는 이론과 공식만 알고 문장으로 써 본 적이 없음**

네. 바로 '경험 부족'이 문제인 겁니다. 이런 면에서 대한민국 영어 교육은 '잘못된' 것이 아니라 '비효율적'이라고 하는 게 맞습니다. 총알은 줬지만 쏴 볼 기회는 주지 않았다는 말입니다. 참고할 예문도 턱없이 부족했지만 무엇보다 직접 써 본 예문은 더욱 없었습니다.

'아는' 영어가 아니라 '하는' 영어로

우리는 지금껏 알아(Know) 왔습니다. 단어를, 표현을, 문법을, 공식을.
다시 말하지만, 절대로 그건 시간과 노력 낭비가 아닙니다.
다만, 이제부터는 해야(Do) 합니다.

그 동안의 수고를 헛되지 않게 하는 유일한 방법은 영어 공부의 확장입니다.
말은 거창하지만 확장이라 함은 결국,

> **1. 아는 것을 써 보는 것. 그것도 많이 써 보는 것**
> **2. 어떻게? 손으로 그리고 입으로**

우리 대부분은 어느 정도 기본은 갖춘 어휘와 문법의 수준에 서 있습니다. 목표는 스피킹입니다. 이 둘 사이에 끊어진 고리를 연결해 줄 무언가가 필요하다는 것입니다.
바로 그 연결고리 역할을 해 주는 것이 손영작과 입영작이며 그것이 이 책의 주된 기능입니다.

> **어휘·문법 ➡ 손영작 + 입영작 ➡ 스피킹**

이 순서는 병행할 수는 있으나 건너뛸 수도 없으며 바뀔 수도 없습니다.

'아는 영어'에서 '하는 영어'가 되는 5단계

'하는' 영어 즉, 입으로 영어가 나오는 단계는 다음과 같이 정리할 수 있습니다.

> **1단계: 어휘와 문법이 튼튼하면 손영작이 가능하다.**
> **2단계: 손영작을 반복하면 편하고 빠르게 손영작이 가능하다.**
> **3단계: 편하고 빠르게 손영작이 가능하면 입영작이 가능하다.**
> **4단계: 입영작을 반복하면 편하고 빠르게 입영작이 가능하다.**
> **5단계: 편하고 빠르게 입영작이 가능하면 드디어 진정한 Communication(소통)이 시작된다.**

우리가 학창시절에 경험한 단계는 예상컨대 대부분 1단계까지일 겁니다. 현재 자신이 어느 단계에 서 있는지 잘 생각해 보시길 바랍니다. 과연 현재 상태에서 무작정 회화를 시도하거나 어학연수를 떠난다고 해서 5단계까지 올라갈 수 있을지, 혹시 1단계조차 부실하진 않은지 말입니다.

자신의 수준이 어떤지 알아볼 수 있게 테스트를 드리겠습니다. 다음 문장을 3초 안에 입으로 말하기 시작하세요.

"네가 어제 나한테 말 안하고 내 치킨 먹었으면, 난 경찰 불렀을 거야."

힌트도 드립니다. 모든 문법책에서 다루는 [과거 가정], [p.p.] 그리고 [would]도 들어갑니다.
하나... 둘... 둘의 반... 둘의 반의 반... 셋...
....
5단계, 정말 갈 수 있겠나요?

기본을 무시하고 무작정 내뱉기를 시도하는 것 즉, 1단계에서 4단계까지 모두 무시하고 5단계로 건너뛰는 것은 마치, "기초공사는 시간과 돈이 많이 드니까 일단 대충 넘기자고. 그래도 있어 보여야 하니까 100층 정도는 세워 줘야 하지 않겠어?" 하는 것과 다를 바가 없습니다. 얼마나 위험한 생각인지 이해하셨으리라 믿습니다.

뒤늦게 후회하고 1단계로 되돌아오는 학생들을 지금까지도 매일같이 돌봐주고 있기에 이렇게 부탁합니다. 부실공사를 부추기는 상술에 넘어가지 마시고 이성적으로 판단하고 행동에 옮기시길 바랍니다.

언어 습득은 다이어트와 좀 너무하다 싶을 정도로 비슷합니다. 특히, 상상만으로는 이뤄지지 않는다는 점에서 말이죠. 이제부턴 손을 움직이고 입을 움직이시길 바랍니다. 꿈과 희망만으로는 영어가 잘 안 늡니다. 그게 정말 그래요. 잘 안돼요 그게.

이제는 Know 하지 말고 Do 하세요.

〈더 많은 마스터유진의 컬럼은 www.maeuenglish.com 혹은 www.mastereugene.com에서 만나 보실 수 있습니다.〉

My love goes out to:
사랑하는 나의 어머니.
강아, 수정, 재명, 모든 마유영어 크루, 조교들, 학생들.
그밖에 출판에 도움을 주신 모든 분들.
I couldn't have done this without you.
Thank you all for your unconditional love and support.

– 마스터유진

마유영어
입영작

입영작 Verbal Writing ™

기본 정의: 입으로 하는 영작
최종 목표: 단어 수준이 아닌 문장 수준으로 묻고, 대답하고, 자유자재로 확장시킬 수 있는 능력
적용 대상: 누구나

입영작의 핵심 엔진 (Core Engine)을 구성하는 사용 빈도 최강의 패턴들은,
소규모 자동차 부품회사에 다니던 직장인, 대형 마트 여러 개를 운영하는 천만장자, 안타깝게도 지금은 세상을 떠난 할리우드 스타, 주말마다 서핑을 즐기는 자유로운 영혼의 프리랜서에 이르기까지, 수년간 연평균 약 2천명에 달하는 현지 원어민들과의 소통을 통해 수집되고 검증되었습니다.

이후, 까다로운 심사와 분석을 통해 코어 패턴들로만 재선별한 뒤, 다시 다양한 시나리오를 통한 시뮬레이션을 걸쳐 완성되었습니다. 입영작은 문법에 충실하면서도 실용적인 패턴으로 보완되어 있습니다. 이렇게 엄선된 패턴들을 문장에 녹여 넣어 말하는 반복 훈련, 그것이 입영작입니다.

경고: 입영작은 영어 왕초보를 영어 초보로 만들어 주는 시스템이 아닙니다. 영어 고수 수준으로까지 끌어 올리는 시스템입니다.

믿어도 좋습니다.

1. 전문적 지식과 오랜 현지 경험으로 막강한 사용 빈도의 검증된 패턴만 엄선했습니다.
"내가 맞게 하고 있는 건가?", "정말 써 먹을 수 있는 건가?" 라는 걱정은 절대로 안 해도 됩니다.

2. 영어 습득과 관련된 콘텐츠를 만드는 사람은 반드시, 무조건 영어를 잘해야 합니다.
영어 습득의 과정에서 오는 오류와 고통을 직접 겪어 본 적이 없고,
심지어 스스로도 영어를 못하면서 영어 교육 컨텐츠를 제작한다면
그건 정말 무책임한 사업가일 뿐입니다.
저는 영어를 잘합니다. 그리고 여러분도 그렇게 만들 겁니다. 예외 없습니다.

3. 예문 한 개, 단어 한 개, 심지어 말투 하나마저 절대로 외부의 도움을 받지 않았습니다.
이 책은 1에서 100까지 마스터유진의 끝없는 연구와 노력으로 쓰여졌습니다.
정말 힘들었습니다. 하지만 그만큼 여러분이 소유할 최고의 영어 무기가 될 것임을 자신합니다.

4. 훈련 시에는 제한된 단어들을 사용하게 되지만, 실제 상황에서는 그 제한이 풀리게 됩니다. 뇌에서는 제한된 단어들을 사용하느라 발생했던 스트레스가 사라지기 때문에 즉흥으로 말해야 하는 상황에서는 오히려 가공할 힘을 발휘합니다.

영어가 늘 수밖에 없는
입영작 프로세스와 활용법

> 이 책은 네 권으로 구성된 〈입영작 영어회화〉의 네 번째 권으로
> 좀 더 자세하고 길게 말하기, 그것도 진짜 길게 말하기를 훈련합니다.

최강 빈도 패턴이 들어간 입영작 무기 문장입니다.
품새를 익힐 때마다 띠 색깔이 바뀌는 태권도처럼
흰띠-노란띠-파란띠-빨간띠-품띠-검은띠로 점차
어려워지는 패턴과 내용을 담았습니다.

무기 사용법
우리말 문장이 영어 문장으로 전환되는 과정이 3개의 다른 시나리오로 소개됩니다.
한 문장 안의 구성 요소들이 분해되었다가 사용법에 맞는 어순으로 재조립됩니다.

무기 업그레이드
알고 있으면 표현력이 업그레이드되는 아이템이 간단하게 소개됩니다.

상황 설명
마유와 친구들의 가벼운 대화 내용 속에 마스터하게 될 입영작 무기가 녹아 들어가 있습니다.
어떤 용도의 무기일지, 어떻게 해석될지 예측해 보면 좋습니다.

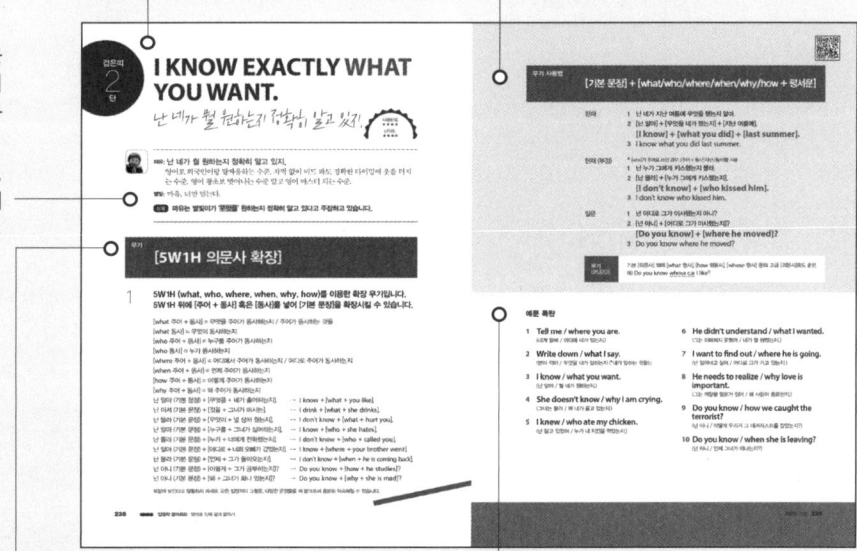

무기 이름 및 무기 설명
입영작 무기가 공감하기 쉬운 친근한 예문들과 설명을 통해 소개됩니다.

예문 폭탄
그렇게 목말라하던 참고 예문의 폭탄 세례를 받는 부분입니다.
같은 무기가 어떤 식으로 다양하게 응용될 수 있는지 소개됩니다.
문장의 정확한 발음은 위의 QR 코드를 찍어 꼭 확인하세요.

STEP 1

손영작 + 입영작 어순 훈련

영어 어순대로 나열된 우리말 문장을 보고 손영작과 입영작을 반복합니다.

적당한 반복 횟수란 없습니다. 막히지 않을 때까지 무한 반복합니다.

 '진도 빨리 뽑기' 습관을 못 뿌리쳐 애매한 실력에서 성급히 다음 순서로 넘어가면 결국 또다시 왕초보 영어회화 수준에 머물 것을 보장합니다. 넘어가고 싶다면 그만큼 더 열심히 해서 내공을 쌓으세요.

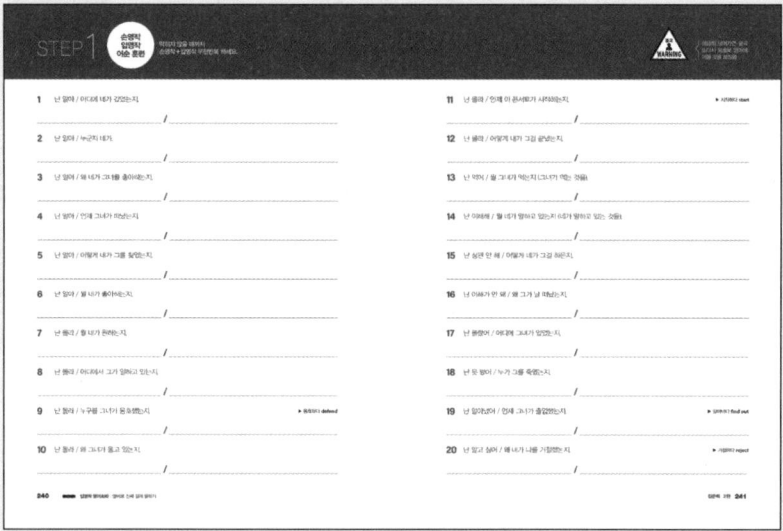

STEP 2  연기낭독 훈련

연기 낭독 훈련

손영작 입영작 어순 훈련을 하고 모범답안을 맞춰 본 후, 위에 있는 QR 코드를 찍어
원어민들은 어떻게 발음하는지 확인해 보세요. 원어민이 읽고 꼭 그만큼의 포즈를 두었으니
반드시 큰 소리로 따라하세요. 이것이 끝난 후에는 마치 상대방에게 이야기하듯
실감나게 낭독한 후 낭독 횟수를 체크합니다.
조용히, 억양 없이, 영혼 없이 낭독하면 맹세코 머리에 공식으로만 남게 됩니다.
손짓, 몸짓, 표정을 총동원하세요. 이 순간만큼은 연기자가 되어야 합니다.
파트너와 돌아가며 해 본 후에 서로의 연기를 냉정하게 평가하세요.

STEP 3 입영작 마스터 훈련

입영작 마스터 훈련

최대한 자연스럽게 우리말 어순으로 바꾼 문장들을 보고 바로 입영작합니다.
만족도의 합계 점수에 따라 다음 무기로 넘어갈지를 결정합니다.
다시 한번 강조합니다. 진도 생각하지 말고 완벽하게 마스터하세요.
영어 잘하려고 시작한 거 아니에요? 만족도만큼은 정말 솔직하게 평가하세요.

Contents

프롤로그 | 4
마스터유진의 스토리 | 5
후회하지 말 것 | 6
마유영어 입영작 | 10
영어가 늘 수밖에 없는 입영작 프로세스와 활용법 | 11

흰띠 1단 내 이름은 마유라고 하고 난 모델로 일하고 있어.
MY NAME IS MAEU AND I'M WORKING AS A MODEL. 18

흰띠 2단 넌 잘생겼지만 빚도 많잖아.
YOU'RE GOOD-LOOKING BUT YOU ALSO HAVE A LOT OF DEBT. 24

흰띠 3단 나 귀여워 아니면 사랑스러워? AM I CUTE OR LOVELY? 30

흰띠 4단 난 네가 미우니까 나한테 전화하지 마. I HATE YOU SO DON'T CALL ME. 36

흰띠 5단 맘에 든다니 좋네. I'M GLAD THAT YOU LIKE IT. 42

노란띠 1단 나 너 귀여워서 좋아하는 거야. I LIKE YOU BECAUSE YOU'RE CUTE. 50

노란띠 2단 걔 지금 너 때문에 죽어 가. HE'S DYING BECAUSE OF YOU. 56

노란띠 3단 네 덕분에 많은 걸 배웠어. I'VE LEARNED A LOT THANKS TO YOU. 62

노란띠 4단 너랑 같이 가려고 일 관뒀어. I QUIT MY JOB TO COME WITH YOU. 68

노란띠 5단 난 살찌지 않으려고 최선을 다했어. I TRIED MY BEST NOT TO GAIN WEIGHT. 74

노란띠 6단 난 어떻게 알아낼 수 있는지 알지. I KNOW HOW TO FIND IT OUT. 80

노란띠 7단 내가 일어날 수 있게 날 좀 발로 차 줘. KICK ME SO THAT I CAN WAKE UP. 86

파란띠 1단 넌 웃을 때 참 못생겼어. YOU LOOK SO UGLY WHEN YOU SMILE. 94

파란띠 2단 난 원어민을 볼 때마다 긴장돼.
I GET NERVOUS WHENEVER I SEE A NATIVE ENGLISH SPEAKER. 100

파란띠 3단 그런 말 하기 전에 거울 속 네 자신을 봐.
LOOK AT YOURSELF IN THE MIRROR BEFORE YOU SAY THAT. 106

파란띠 4단 널 보자마자 사랑에 빠졌지.
I FELL IN LOVE WITH YOU AS SOON AS I SAW YOU. 112

파란띠 5단 내가 미국에 있는 동안 그가 바람을 피웠어.
HE CHEATED ON ME WHILE I WAS IN AMERICA. 118

파란띠 6단	네가 돌아올 때까지 여기서 기다릴게.	I'LL WAIT HERE UNTIL YOU COME BACK.	124
파란띠 7단	거기 7시까진 도착해야만 해요.	I HAVE TO GET THERE BY 7.	130
파란띠 8단	일 마친 후에 전화해.	CALL ME AFTER YOU FINISH WORKING.	136
파란띠 9단	그녀가 떠난 이후로 계속 비가 내려 오고 있어.	IT'S BEEN RAINING SINCE SHE LEFT.	142
빨간띠 1단	많은 여자들이 날 좋아하는데도 넌 내가 사랑하는 유일한 사람이야.	YOU'RE THE ONLY ONE I LOVE EVEN THOUGH MANY GIRLS LIKE ME.	150
빨간띠 2단	내 노력에도 불구하고 F를 받았어.	I GOT AN F DESPITE MY EFFORT.	156
빨간띠 3단	키스하면 죽어!	I'LL KILL YOU IF YOU KISS ME!	162
빨간띠 4단	걔가 날 좋아하는지 모르겠어.	I DON'T KNOW IF SHE LIKES ME.	168
빨간띠 5단	걔가 예쁠지라도 난 상관 안 할 거야.	I WON'T CARE EVEN IF SHE IS PRETTY.	174
빨간띠 6단	내가 네 남자친구인 이상 넌 돈 쓸 필요 없어.	YOU DON'T HAVE TO SPEND ANY MONEY AS LONG AS I'M YOUR BOYFRIEND.	180
빨간띠 7단	초콜릿 맛 아닌 이상 그거 안 먹을래.	I WON'T EAT IT UNLESS IT'S A CHOCOLATE FLAVOR.	186
빨간띠 8단	걔가 오든 말든 난 상관 안 해.	I DON'T CARE WHETHER HE COMES OR NOT.	192
품띠 1단	비 올 거 대비해서 이 우산 가져가.	TAKE THIS UMBRELLA IN CASE IT RAINS.	200
품띠 2단	고기 대신 채소를 먹어.	EAT VEGETABLES INSTEAD OF MEAT.	206
품띠 3단	여러분의 사랑에 대해 참 고맙습니다.	THANK YOU FOR YOUR LOVE.	212
품띠 4단	나 너 전혀 안 좋아해.	I DON'T LIKE YOU AT ALL.	218
품띠 5단	내가 자기를 먼저 사랑했어.	I LOVED YOU FIRST.	224
검은띠 1단	쟤가 내가 좋아하는 그 여자애야.	SHE IS THE GIRL THAT I LIKE.	232
검은띠 2단	난 네가 뭘 원하는지 정확히 알고 있지.	I KNOW EXACTLY WHAT YOU WANT.	238
검은띠 3단	영어 마스터하는 거 쉬워.	IT'S EASY TO MASTER ENGLISH.	244

흰띠

새로운 출발은 항상 설렙니다.
오랫동안 고심해 온 결과물로 여러분을 대할 생각을 하니
저 역시 떨리면서도 기대가 됩니다.
물 한 방울 섞지 않고
오로지 팔 힘으로만 짜낸 과일 주스처럼
오롯이 연구와 시뮬레이션을 돌려 추출한
한 문장 한 문장이
여러분들의 영어 실력 향상에
조금이나마 보탬이 될 수 있기를 바라며,
입영작 영어회화의 마지막 단계를 시작합니다.

– 마스터유진

흰띠 1단

MY NAME IS MAEU AND I'M WORKING AS A MODEL.

내 이름은 마유라고 하고
난 모델로 일하고 있어.

사용빈도 ★★★★★
난이도 ★

마유: 내 이름은 마유라고 하고 난 모델로 일하고 있어.
유정: 다시 말해 봐.
마유: 내 이름은 마유라고 하고 난 일하고 있어.

상황 마유는 자신의 이름 '그리고' 하는 일을 함께 표현하고 있습니다.

무기

[and] ~하고 / ~이고

1 [and]는 기본 문장에 '비슷한 흐름'의 문장을 추가할 때 쓰는 무기입니다.
[and] 자체는 '그리고' 라는 단어이지만, 두 문장을 이어 주면서 '~하고/~이고' 라고 자연스럽게 해석됩니다.

예) 난 그녀를 사랑<u>하고</u> 그녀는 날 사랑해.
　　(I love her <u>and</u> she loves me.)

　　난 후라이드 치킨을 주문했<u>고</u> 그녀는 양념 치킨을 주문했어.
　　(I ordered fried chicken <u>and</u> she ordered seasoned chicken.)

　　난 21살<u>이고</u> 모델이야.
　　(I'm 21 <u>and</u> I'm a model.)

무기 사용법

[기본 문장] + [and] + [추가 문장]

현재
1. 난 네 선생님이고 넌 내 학생이야.
2. [난 네 선생님이야] + [그리고] + [넌 내 학생이야].
   [I am your teacher] + [and] + [you are my student].
3. I am your teacher and you are my student.

과거
1. 어제는 금요일이었고 난 행복했어.
2. [어제는 금요일이었어] + [그리고] + [난 행복했어].
   [It was Friday yesterday] + [and] + [I was happy].
3. It was Friday yesterday and I was happy.

현재진행
1. 그는 청혼하고 있고 그녀는 울고 있어.
2. [그는 청혼하고 있어] + [그리고] + [그녀는 울고 있어].
   [He is proposing] + [and] + [she is crying].
3. He is proposing and she is crying.

무기 UPGRADE
a. 두 문장의 '주어'가 같을 경우 [추가 문장]의 주어는 생략 가능.
예) She misses him and she thinks about him.
→ She misses him and thinks about him.
b. 두 문장의 '주어+동사'가 같을 경우 [추가 문장]의 '주어+동사'는 생략 가능.
예) I love my wife and I love my family. → I love my wife and my family.

예문 폭탄

1. **I am a model / and he is a cook.**
   (난 모델이야 / 그리고 그는 요리사야.)

2. **They are my students / and I love them.**
   (그들은 내 학생들이야 / 그리고 난 그들을 사랑해.)

3. **I like chicken / and my girlfriend likes pasta.**
   (난 치킨을 좋아해 / 그리고 내 여자친구는 파스타를 좋아해.)

4. **I saw Clark / and he ran away.**
   (난 Clark을 봤어 / 그리고 그는 도망쳤어.)

5. **She pinched me / and I screamed.**
   (그녀는 날 꼬집었어 / 그리고 난 소리질렀어.)

6. **I am reading a novel / and my wife is cooking.**
   (난 소설을 읽고 있어 / 그리고 내 아내는 요리를 하고 있어.)

7. **We are watching a movie / and my daughter is eating cookies.**
   (우린 영화를 보고 있어 / 그리고 내 딸은 쿠키들을 먹고 있어.)

8. **It's raining / and I'm listening to a sad song.**
   (비가 오고 있어 / 그리고 난 슬픈 노래를 듣고 있어.)

9. **He turned around / and I slapped his face.**
   (그는 돌아섰어 / 그리고 난 그의 얼굴을 찰싹 때렸어.)

10. **It's snowing / and I want to go out.**
    (눈이 오고 있어 / 그리고 난 밖에 나가고 싶어.)

STEP 1

손영작 입영작 어순 훈련

막히지 않을 때까지 손영작+입영작 무한반복 하세요.

1   난 소녀야 / 그리고 넌 소년이야.
    _____ / _____

2   내 남자친구는 섹시해 / 그리고 난 귀여워.
    _____ / _____

3   난 뉴욕에 살아 / 그리고 그녀는 샌프란시스코에 살아.
    _____ / _____

4   그는 Ferrari를 몰아 / 그리고 난 Lamborghini를 몰아.
    _____ / _____

5   난 영어를 배우고 있어 / 그리고 그녀는 중국어를 배우고 있어.
    _____ / _____

6   그들은 운동하고 있어 / 그리고 난 그들을 훈련시키고 있어.   ▶ 훈련시키다 train
    _____ / _____

7   난 어제 일했어 / 그리고 그는 어제 공부했어.
    _____ / _____

8   그녀는 내게 전화했어 / 그리고 우린 오랫동안 얘기했어.   ▶ 오랫동안 for a long time
    _____ / _____

9   난 학교에 갈 거야 / 그리고 그는 직장에 갈 거야.   ▶ ~할 것이다 be going to   ▶ 직장 work
    _____ / _____

10 난 피곤해 / 그리고 난 자고 싶어.
    _____ / _____

성급히 넘어가면 결국 또다시 왕초보 영어에 머물 것을 보장함

11 그들은 날 고용했어 / 그리고 그건 좋은 결정이었어.

_____ / _____

12 그 티켓들은 비쌌어 / 그리고 우린 그 쇼를 좋아하지 않았어.

_____ / _____

13 그는 못됐어 / 그리고 난 그를 좋아하지 않아. ▶ 못된 mean

_____ / _____

14 난 달리고 있어 / 그리고 난 목말라. ▶ 목마른 thirsty

_____ / _____

15 그녀는 내 학생이야 / 그리고 난 그녀가 자랑스러워. ▶ ~을 자랑스러워 하다 be proud of

_____ / _____

16 비가 오고 있어 / 그리고 난 외로워. ▶ 외로운 lonely

_____ / _____

17 그는 날 도와줬어 / 그리고 난 A를 받았어. ▶ 점수 등을 받다 get

_____ / _____

18 네 사랑은 달콤해 / 그리고 난 널 사랑해.

_____ / _____

19 더워 / 그리고 난 땀 흘리고 있어. ▶ 땀 흘리다 sweat

_____ / _____

20 넌 내 남자친구가 아니야 / 그리고 난 너의 여자친구가 아니야.

_____ / _____

흰띠 1단

STEP 2

연기낭독 훈련

답을 맞춰 보며 상대방에게 이야기하듯 실감나게 낭독한 후 낭독 횟수를 체크하세요.

조용히, 억양 없이, 영혼 없이 낭독하면 공식으로만 남게 돼 매우 위험함.

		4회	8회	12회
1	I am a girl and you are a boy.	✓		
2	My boyfriend is sexy and I am cute.			
3	I live in New York and she lives in San Francisco.			
4	He drives a Ferrari and I drive a Lamborghini.			
5	I am learning English and she is learning Chinese.			
6	They are exercising and I am training them.			
7	I worked yesterday and he studied yesterday.			
8	She called me and we talked for a long time.			
9	I am going to go to school and he is going to go to work.			
10	I am tired and I want to sleep.			
11	They hired me and it was a good decision.			
12	The tickets were expensive and we didn't like the show.			
13	He is mean and I don't like him.			
14	I am running and I am thirsty.			
15	She is my student and I am proud of her.			
16	It's raining and I am lonely.			
17	He helped me and I got an A.			
18	Your love is sweet and I love you.			
19	It's hot and I am sweating.			
20	You are not my boyfriend and I am not your girlfriend.			

입영작 영어회화 : 영어로 진짜 길게 말하기

STEP 3

입영작 마스터 훈련

조금 더 자연스러운 우리말 문장을 보고 실감나게 입영작하세요.

'걔'는 he가 될 수도 she가 될 수도 있으며 여러분의 선택입니다.

		1차	2차	3차
1	난 여자애고 넌 남자애야.			
2	내 남자친구는 섹시하고 난 귀여워.			
3	난 뉴욕에서 살고 걔는 샌프란시스코에서 살아.			
4	걔는 Ferrari 몰고 난 Lamborghini 몰아.			
5	난 영어 배우고 있고 걔는 중국어 배우고 있어.			
6	걔네는 운동하고 있고 난 걔네를 훈련시키고 있어.			
7	난 어제 일했고 걔는 어제 공부했어.			
8	걔가 나한테 전화했고 우린 오랫동안 얘기했어.			
9	난 학교에 갈 거고 걔는 출근할 거야.			
10	난 피곤하고 (난) 자고 싶어.			
11	걔네는 날 고용했고 그건 좋은 결정이었어.			
12	그 티켓들은 비쌌고 우린 그 쇼를 안 좋아했어.			
13	걔는 못됐고 난 걔를 좋아하지 않아.			
14	난 달리고 있고 (난) 목말라.			
15	걔는 내 학생이고 난 걔가 자랑스러워.			
16	비가 오고 있고 난 외로워.			
17	걔가 날 도와줬고 난 A 받았어.			
18	네 사랑은 달콤하고 난 널 사랑해.			
19	덥고 난 땀 흘리고 있어.			
20	넌 내 남자친구가 아니고 난 네 여자친구가 아니야.			

심하게 버벅거림 : 1점
버벅거림은 줄었으나 책 읽듯 어색함 : 3점
연기하듯 자연스러움 : 5점

TOTAL 1차 2차 3차

40점 이하 — 연기낭독 훈련 부터 다시
41~79점 — 입영작 마스터 훈련 재도전
80점 이상 — 흰띠 1단 완성

흰띠 2단

YOU'RE GOOD-LOOKING BUT YOU ALSO HAVE A LOT OF DEBT.
넌 잘생겼지만 빚도 많잖아.

사용빈도 ★★★★★
난이도 ★

민준: 넌 그 얼굴로 어떻게 사니?
마유: 넌 잘생겼지만 빚도 많잖아.

상황 마유는 민준이가 잘생겼다는 사실, **'하지만'** 그와 대조적으로 빚이 많다는 사실도 함께 표현하고 있습니다.

무기

[but] ~하지만 / ~이지만

1 [but]은 기본 문장에 '반대되는 흐름'의 문장을 추가할 때 쓰는 무기입니다. [but] 자체는 '그러나' 라는 단어이지만, 두 문장을 이어 주면서 '~하지만/~이지만'이라고 자연스럽게 해석됩니다.

예) 난 그녀를 사랑하지만 그녀는 날 사랑하지 않아.
(I love her but she doesn't love me.)

난 치킨을 주문했지만 그녀는 아무것도 주문하지 않았어.
(I ordered chicken but she didn't order anything.)

넌 미소 짓고 있지만 슬퍼 보여.
(You are smiling but you look sad.)

무기 사용법

[기본 문장] + [but] + [추가 문장]

현재
1. 넌 잘생겼지만 난 돈이 많아.
2. [넌 잘생겼어] + [하지만] + [난 돈이 많아].
   [You are good-looking] + [but] + [I have much money].
3. You are good-looking but I have much money.

과거
1. 그녀는 눈을 감았지만 난 그녀에게 키스하지 않았어.
2. [그녀는 눈을 감았어] + [하지만] + [난 그녀에게 키스하지 않았어].
   [She closed her eyes] + [but] + [I didn't kiss her.].
3. She closed her eyes but I didn't kiss her.

현재
1. 그는 내 남자친구이지만 난 그를 사랑하지 않아.
2. [그는 내 남자친구야] + [하지만] + [난 그를 사랑하지 않아].
   [He is my boyfriend] + [but] + [I don't love him].
3. He is my boyfriend but I don't love him.

무기 UPGRADE
두 문장의 '주어'가 같을 경우 [추가 문장]의 '주어'는 생략 가능.
예) She misses him but she doesn't call him.
→ She misses him but doesn't call him.

예문 폭탄

1. **I am rich / but I am lonely.**
   (난 부유해 / 하지만 난 외로워.)

2. **She is my girlfriend / but David likes her.**
   (그녀는 내 여자친구야 / 하지만 David가 그녀를 좋아해.)

3. **Today is my birthday / but I am not happy.**
   (오늘은 내 생일이야 / 하지만 난 행복하지 않아.)

4. **My friends like K-pop / but I enjoy classical music.**
   (내 친구들은 K-pop을 좋아해 / 하지만 난 클래식 음악을 즐겨.)

5. **We are brothers / but we don't look alike.**
   (우린 형제야 / 하지만 우린 닮지 않았어.)

6. **They drank beer / but I drank soju.**
   (그들은 맥주를 마셨어 / 하지만 난 소주를 마셨어.)

7. **I was lonely / but my girlfriend didn't care.**
   (난 외로웠어 / 하지만 내 여자친구는 상관하지 않았어.)

8. **She didn't call me / but I was not sad.**
   (그녀는 내게 전화하지 않았어 / 하지만 난 슬프지 않았어.)

9. **We wanted to dance / but there was no music.**
   (우린 춤추고 싶었어 / 하지만 음악이 없었어.)

10. **Kelly was crying / but I didn't ask her why.**
    (Kelly는 울고 있었어 / 하지만 난 그녀에게 왠인지 물어보지 않았어.)

STEP 1

손영작 입영작 어순 훈련

막히지 않을 때까지 손영작＋입영작 무한반복 하세요.

1 난 소녀야 / 하지만 넌 소년이야.
　　_____ / _____

2 내 남자친구는 가난해 / 하지만 그는 똑똑해.
　　_____ / _____

3 난 미국에 살아 / 하지만 그녀는 유럽에 살아.
　　_____ / _____

4 그는 Ferrari를 몰아 / 하지만 난 차를 가지고 있지 않아.
　　_____ / _____

5 난 영어를 배우고 있어 / 하지만 그녀는 중국어를 배우고 있어.
　　_____ / _____

6 그들은 운동하고 있어 / 하지만 난 운동하고 있지 않아.
　　_____ / _____

7 난 어제 일했어 / 하지만 그는 어제 공부했어.
　　_____ / _____

8 그녀는 내게 전화했어 / 하지만 난 전화를 받지 않았어.　　▶ 전화를 받다 answer the phone
　　_____ / _____

9 난 학교에 갈 거야 / 하지만 그는 잘 거야.
　　_____ / _____

10 난 피곤해 / 하지만 난 자고 싶지 않아.
　　_____ / _____

입영작 영어회화 : 영어로 진짜 길게 말하기

WARNING 성급히 넘어가면 결국 또다시 왕초보 영어에 머물 것을 보장함

11 그들은 날 고용했어 / 하지만 그건 나쁜 결정이었어. ▶ 고용하다 hire ▶ 결정 decision

_____ / _____

12 그 티켓들은 비쌌어 / 하지만 우린 그 쇼를 좋아했어.

_____ / _____

13 넌 못생겼어 / 하지만 난 너랑 데이트하고 싶어. ▶ ~와 데이트하다 date someone

_____ / _____

14 난 달리고 있어 / 하지만 난 목마르지 않아.

_____ / _____

15 이건 내 프로젝트야 / 하지만 난 그게 자랑스럽지 않아.

_____ / _____

16 비가 오고 있어 / 하지만 난 외롭지 않아.

_____ / _____

17 그는 날 도와줬어 / 하지만 난 F를 받았어.

_____ / _____

18 네 사랑은 달콤해 / 하지만 난 널 사랑하지 않아.

_____ / _____

19 더워 / 하지만 난 땀 흘리고 있지 않아.

_____ / _____

20 넌 내 남자친구가 아니야 / 하지만 난 너와 결혼하고 싶어. ▶ ~와 결혼하다 marry someone

_____ / _____

STEP 2

연기낭독 훈련

답을 맞춰 보며 상대방에게 이야기하듯 실감나게 낭독한 후 낭독 횟수를 체크하세요.

조용히, 억양 없이, 영혼 없이 낭독하면 공식으로만 남게 돼 매우 위험함.

1. I am a girl but you are a boy.
2. My boyfriend is poor but he is smart.
3. I live in America but she lives in Europe.
4. He drives a Ferrari but I don't have a car.
5. I am learning English but she is learning Chinese.
6. They are exercising but I am not exercising.
7. I worked yesterday but he studied yesterday.
8. She called me but I didn't answer the phone.
9. I am going to go to school but he is going to sleep.
10. I am tired but I don't want to sleep.
11. They hired me but it was a bad decision.
12. The tickets were expensive but we liked the show.
13. You are ugly but I want to date you.
14. I am running but I am not thirsty.
15. This is my project but I am not proud of it.
16. It's raining but I am not lonely.
17. He helped me but I got an F.
18. Your love is sweet but I don't love you.
19. It's hot but I am not sweating.
20. You are not my boyfriend but I want to marry you.

STEP 3

입영작 마스터 훈련

조금 더 자연스러운 우리말 문장을 보고 실감나게 입영작하세요.

'걔'는 he가 될 수도 she가 될 수도 있으며 여러분의 선택입니다.

		1차	2차	3차
1	난 여자애지만 넌 남자애야.			
2	내 남자친구는 가난하지만 걔는 똑똑해.			
3	난 미국에 살지만 걔는 유럽에 살아.			
4	걔는 Ferrari를 몰지만 난 차가 없어.			
5	난 영어 배우고 있지만 걔는 중국어 배우고 있어.			
6	걔네는 운동하고 있지만 난 운동하고 있지 않아.			
7	난 어제 일했지만 걔는 어제 공부했어.			
8	걔가 나한테 전화했지만 난 전화 안 받았어.			
9	난 학교에 갈 거지만 걔는 잘 거야.			
10	난 피곤하지만 (난) 자고 싶지 않아.			
11	걔네가 날 고용했지만 그건 나쁜 결정이었어.			
12	그 티켓들은 비쌌지만 우린 그 쇼를 좋아했어.			
13	넌 못생겼지만 난 너랑 데이트하고 싶어.			
14	난 달리고 있지만 난 목이 안 말라.			
15	이건 내 프로젝트지만 난 그게 자랑스럽지 않아.			
16	비가 오고 있지만 난 안 외로워.			
17	걔가 날 도와줬지만 난 F 받았어.			
18	네 사랑은 달콤하지만 난 널 사랑하지 않아.			
19	덥지만 난 땀 흘리고 있진 않아.			
20	넌 내 남자친구는 아니지만 난 너랑 결혼하고 싶어.			

심하게 버벅거림 : 1점
버벅거림은 줄었으나 책 읽듯 어색함 : 3점
연기하듯 자연스러움 : 5점

TOTAL 1차 2차 3차

40점 이하 — 연기낭독 훈련 부터 다시
41~79점 — 입영작 마스터 훈련 재도전
80점 이상 — 흰띠 2단 완성

흰띠 3단

AM I CUTE OR LOVELY?
나 귀여워 아니면 사랑스러워?

 윤진: 나 귀여워 아니면 사랑스러워?
마유: 착해.

상황 윤진이는 자기가 귀여운지 '혹은' 사랑스러운지 대답의 옵션을 주며 물어보고 있습니다.

무기

[or] ~하거나 / ~이거나 / ~ 아니면

---

1 [or]는 기본 문장에 '새로운 옵션'을 추가할 때 쓰는 무기입니다.
[or] 자체는 '혹은'이라는 단어이지만, 두 문장을 이어 주면서
'~하거나/~이거나/~ 아니면'이라고 자연스럽게 해석됩니다.

예) 공부를 하거나 잠을 자.
(Study or sleep.)

난 한국에서 살거나 미국으로 이민 갈 수 있어.
(I can live in Korea or I can move to America.)

넌 남자니 아니면 여자니?
(Are you a man or are you a woman?)

무기 사용법

[기본 문장] + [or] + [추가 문장]

명령
1. 일을 선택하거나 날 선택해.
2. [일을 선택해] + [혹은] + [날 선택해].
   [Choose work] + [or] + [choose me].
3. Choose work or choose me.

능력/가능성
1. 난 사업을 시작하거나 여기에서 일할 수 있어.
2. [난 사업을 시작할 수 있어] + [혹은] + [난 여기에서 일할 수 있어].
   [I can start a business] + [or] + [I can work here].
3. I can start a business or I can work here.

질문
1. 넌 여자니 아니면 남자니?
2. [넌 여자니] + [혹은] + [넌 남자니]?
   [Are you a woman] + [or] + [are you a man]?
3. Are you a woman or are you a man?

무기 UPGRADE | 두 문장의 '주어+동사'가 같은 경우 [추가 문장]의 '주어+동사'는 생략 가능.
예) I can start a business or I can work here. → I can start a business or work here.

예문 폭탄

1. **Eat this chicken / or order something else.**
   (이 치킨을 먹어 / 혹은 뭔가 다른 걸 주문해.)

2. **Take a nap / or go home.**
   (낮잠을 자 / 혹은 집에 가.)

3. **Drink coffee / or just go to bed.**
   (커피를 마셔 / 혹은 그냥 잠자리에 들어.)

4. **I can wear this skirt / or I can wear these jeans.**
   (난 이 치마를 입을 수 있어 / 혹은 이 청바지를 입을 수 있어.)

5. **She can ask Ava / or I can help her.**
   (그녀는 Ava에게 물어봐도 돼 / 혹은 내가 그녀를 도와줄 수 있어.)

6. **We can call your mom / or you can apologize to Amy.**
   (우리가 네 엄마에게 전화를 해도 돼 / 혹은 네가 Amy에게 사과해도 돼.)

7. **We are going to work today / or we are going to work tomorrow.**
   (우린 오늘 일할 거야 / 혹은 우린 내일 일할 거야.)

8. **You should take vitamin C / or you should take vitamin B.**
   (넌 비타민 C를 복용해야 해 / 혹은 너는 비타민 B를 복용해야 해.)

9. **Is she a singer / or is she a dancer?**
   (그녀는 가수니 / 혹은 그녀는 댄서니?)

10. **Is she your sister / or is she your girlfriend?**
    (그녀는 네 누나니 / 혹은 그녀는 네 여자친구니?)

STEP 1

손영작 입영작 어순 훈련

막히지 않을 때까지 손영작＋입영작 무한반복 하세요.

1 운동해 / 혹은 먹지 마.

_____ / _____

2 지금 먹어 / 혹은 나중에 먹어.　　　　　　　　　　　　　　▶ 나중에 later

_____ / _____

3 지금 시작해 / 혹은 포기해.　　　　　　　　　　　　　　▶ 포기하다 give up

_____ / _____

4 나랑 머물러 / 혹은 호텔을 찾아.　　　　　　　　　　　　　　▶ 머물다 stay

_____ / _____

5 버스를 타 / 혹은 택시를 타.　　　　　　　　　　　　▶ (교통수단을) 타다 take

_____ / _____

6 여기로 와 / 혹은 내가 거기로 갈게.

_____ / _____

7 내게 전화해 / 혹은 내가 너에게 전화할게.

_____ / _____

8 택시를 타 / 혹은 내가 널 픽업할게.　　　　　　　▶ ～를 픽업하다 pick someone up

_____ / _____

9 이 컴퓨터를 사 / 혹은 내가 그걸 살게.

_____ / _____

10 넌 지금 지불해도 돼 / 혹은 넌 나중에 지불해도 돼.　　　　　　　　▶ 지불하다 pay

_____ / _____

경고 WARNING 성급히 넘어가면 결국 또다시 왕초보 영어에 머물 것을 보장함

11 네가 그를 고용해도 돼 / 혹은 내가 그를 고용해도 돼.

_____ / _____

12 넌 조용하니 / 혹은 넌 수줍어하니? ▶ 조용한 quiet ▶ 수줍은 shy

_____ / _____

13 넌 멍청하니 / 혹은 넌 순진하니? ▶ 순진한 naïve

_____ / _____

14 넌 한국인이니 / 혹은 넌 일본인이니?

_____ / _____

15 그는 경찰이니 / 혹은 그는 군인이니? ▶ 경찰 cop ▶ 군인 soldier

_____ / _____

16 넌 개들을 좋아하니 / 혹은 넌 고양이들을 좋아하니?

_____ / _____

17 넌 농구를 하니 / 혹은 넌 야구를 하니?

_____ / _____

18 넌 이 귀신이 보이니 / 혹은 내가 미친 거니? ▶ 귀신 ghost ▶ 미친 crazy

_____ / _____

19 넌 날 사랑하니 / 혹은 넌 날 미워하니? ▶ 미워하다 hate

_____ / _____

20 그가 널 좋아하니 / 혹은 네가 그를 좋아하니?

_____ / _____

흰띠 3단 33

STEP 2

연기낭독 훈련

답을 맞춰 보며 상대방에게 이야기하듯 실감나게 낭독한 후 낭독 횟수를 체크하세요.

조용히, 억양 없이, 영혼 없이 낭독하면 공식으로만 남게 돼 매우 위험함.

		4회	8회	12회
1	Exercise or don't eat.	✓☐☐	☐☐	☐☐
2	Eat now or eat later.	☐☐	☐☐	☐☐
3	Start now or give up.	☐☐	☐☐	☐☐
4	Stay with me or find a hotel.	☐☐	☐☐	☐☐
5	Take a bus or take a taxi.	☐☐	☐☐	☐☐
6	Come here or I will go there.	☐☐	☐☐	☐☐
7	Call me or I will call you.	☐☐	☐☐	☐☐
8	Take a taxi or I will pick you up.	☐☐	☐☐	☐☐
9	Buy this computer or I will buy it.	☐☐	☐☐	☐☐
10	You can pay now or you can pay later.	☐☐	☐☐	☐☐
11	You can hire him or I can hire him.	☐☐	☐☐	☐☐
12	Are you quiet or are you shy?	☐☐	☐☐	☐☐
13	Are you stupid or are you naïve?	☐☐	☐☐	☐☐
14	Are you Korean or are you Japanese?	☐☐	☐☐	☐☐
15	Is he a cop or is he a soldier?	☐☐	☐☐	☐☐
16	Do you like dogs or do you like cats?	☐☐	☐☐	☐☐
17	Do you play basketball or do you play baseball?	☐☐	☐☐	☐☐
18	Do you see this ghost or am I crazy?	☐☐	☐☐	☐☐
19	Do you love me or do you hate me?	☐☐	☐☐	☐☐
20	Does he like you or do you like him?	☐☐	☐☐	☐☐

STEP 3

입영작 마스터 훈련

조금 더 자연스러운 우리말 문장을 보고 실감나게 입영작하세요.

'걔'는 he가 될 수도 she가 될 수도 있으며 여러분의 선택입니다.

		1차	2차	3차
1	운동을 하거나 먹지를 마.			
2	지금 먹거나 나중에 먹어.			
3	지금 시작하거나 포기해.			
4	나랑 머물거나 호텔을 찾아.			
5	버스를 타거나 택시를 타.			
6	여기로 와 아니면 내가 거기로 갈게.			
7	나한테 전화해 아니면 내가 너한테 전화할게.			
8	택시를 타 아니면 내가 널 픽업할게.			
9	이 컴퓨터를 사 아니면 내가 그걸 살게.			
10	너 지금 지불해도 돼 아니면 나중에 지불해도 돼.			
11	네가 걔를 고용해도 돼 아니면 내가 걔를 고용해도 돼.			
12	넌 조용한 거니 아니면 수줍음이 많은 거니?			
13	넌 멍청한 거니 아니면 순진한 거니?			
14	넌 한국인이니 아니면 일본인이니?			
15	걔는 경찰이니 아니면 군인이니?			
16	넌 개들을 좋아하니 아니면 고양이들을 좋아하니?			
17	넌 농구를 하니 아니면 야구를 하니?			
18	너 이 귀신이 보이니 아니면 내가 미친 거니?			
19	너 날 사랑하니 아니면 날 미워하니?			
20	걔가 널 좋아하는 거니 아니면 네가 걔를 좋아하는 거니?			

심하게 버벅거림 : 1점
버벅거림은 줄었으나 책 읽듯 어색함 : 3점
연기하듯 자연스러움 : 5점

TOTAL 1차 2차 3차

40점 이하 — 연기낭독훈련 부터 다시
41~79점 — 입영작 마스터 훈련 재도전
80점 이상 — 흰띠 3단 완성

흰띠 4단

I HATE YOU SO DON'T CALL ME.

난 네가 미우니까 나한테 전화하지 마.

사용빈도 ★★★
난이도 ★★

 연아: 난 네가 미우니까 나한테 전화하지 마.
마유: 미안해.
연아: 그래? 뭐가 미안한데?

상황 연아는 마유가 '밉다' 라는 사실뿐만 아니라 '그래서/그러니까' 전화하지 말라는 결론까지 추가로 표현하고 있습니다.

무기

[so] ~해서 / ~여서 / ~하니까 / ~이니까

1

[so]는 어떤 사실에 대한 '결론'을 추가할 때 쓰는 무기입니다.
[so] 자체는 '그래서, 그러니까' 라는 단어이지만, 두 문장을 이어 주면서 '~해서/~여서/~하니까/~이니까' 라고 자연스럽게 해석됩니다.

예) 난 남자친구가 없어서 슬퍼.
   (I don't have a boyfriend so I am sad.)

   걔가 약속을 깨서 난 걔한테 실망했어.
   (He broke his promise so I am disappointed with him.)

   난 널 더 이상 사랑하지 않으니까 우리 헤어지자.
   (I don't love you anymore so let's break up.)

무기 사용법

[기본 문장] + [so] + [추가 문장]

현재
1. 난 여자여서 행복해.
2. [난 여자야] + [그래서] + [나는 행복해].
   [I am a woman] + [so] + [I am happy].
3. I am a woman so I am happy.

현재 (부정)
1. 그가 아직 여기 없으니까 여기서 기다리자.
2. [그가 아직 여기 없어] + [그러니까] + [여기서 기다리자].
   [He is not here yet] + [so] + [let's wait here].
3. He is not here yet so let's wait here.

과거
1. 그가 내 여자친구에게 키스해서 난 그를 때렸어.
2. [그가 내 여자친구에게 키스했어] + [그래서] + [난 그를 때렸어].
   [He kissed my girlfriend] + [so] + [I hit him].
3. He kissed my girlfriend so I hit him.

무기 UPGRADE
두 문장으로 나눌 수도 있는데, 그럴 경우엔 뒤의 문장을 [So]로 시작한 후 comma를 찍어 줌.
예) I am cute so I'm popular. ➡ I am cute. So, I'm popular.

예문 폭탄

1. **I am still a student / so I am studying hard.**
   (난 여전히 학생이야 / 그래서 난 열심히 공부하고 있어.)

2. **She is my mother / so I love her.**
   (그녀는 나의 어머니야 / 그래서 난 그녀를 사랑해.)

3. **We are brothers / so let's not fight.**
   (우린 형제야 / 그러니까 싸우지 말자.)

4. **I am your friend / so don't shoot me.**
   (난 네 친구야 / 그러니까 날 쏘지 마.)

5. **She lied to me / so I dumped her.**
   (그녀는 내게 거짓말을 했어 / 그래서 난 그녀를 찼어.)

6. **They fired me / so I sued them.**
   (그들은 날 해고했어 / 그래서 난 그들을 고소했어.)

7. **She was cute / so I wanted her phone number.**
   (그녀는 귀여웠어 / 그래서 난 그녀의 전화번호를 원했어.)

8. **It's cold / so I need Ugg boots.**
   (추워 / 그래서 난 어그 부츠가 필요해.)

9. **It's hot / so I am going to buy shorts.**
   (더워 / 그래서 난 반바지를 살 거야.)

10. **I know everything / so don't lie.**
    (난 모든 걸 알고 있어 / 그러니까 거짓말하지 마.)

STEP 1

손영작 입영작 어순 훈련

막히지 않을 때까지 손영작＋입영작 무한반복 하세요.

1 넌 남자야 / 그래서 넌 터프해.　　　　　　　　　　　　　　　　　▶ 터프한 tough
_____ / _____

2 그녀는 친절해 / 그래서 난 그녀를 좋아해.
_____ / _____

3 넌 못됐어 / 그래서 난 널 좋아하지 않아.　　　　　　　　　　　　▶ 못된 mean
_____ / _____

4 그는 아파 / 그래서 그는 자고 있어.
_____ / _____

5 난 쿨해 / 그래서 난 많은 친구들을 가지고 있어.　　　　　　　　▶ 많은 many
_____ / _____

6 그는 우리에게 거짓말했어 / 그래서 우린 그를 해고했어.　　　　▶ 해고하다 fire
_____ / _____

7 그녀는 아팠어 / 그래서 그녀는 의사를 봤어.
_____ / _____

8 난 화났었어 / 그래서 난 그를 때렸어.
_____ / _____

9 그는 날 도와줬어 / 그래서 나 역시 그를 도와줬어.　　　　　　　▶ 역시 too
_____ / _____

10 그녀는 슬퍼 보였어 / 그래서 난 그녀를 안아 줬어.　　▶ ~하게 보이다 look　▶ 안아 주다 hug
_____ / _____

경고 WARNING 성급히 넘어가면 결국 또다시 왕초보 영어에 머물 것을 보장함

11 눈이 오고 있어 / 그래서 우린 집에 갈 수가 없어.
_____ / _____

12 비가 오고 있어 / 그러니까 기다리자.
_____ / _____

13 우린 달리고 있어 / 그래서 우린 목이 말라.
_____ / _____

14 난 공부하고 있어 / 그러니까 내가 너한테 나중에 전화할게.
_____ / _____

15 난 내 안경을 쓰고 있지 않아 / 그래서 난 아무것도 볼 수가 없어.   ▶ 아무것도 anything
_____ / _____

16 그는 똑똑해 보였어 / 그래서 그들은 그를 고용했어.
_____ / _____

17 그녀가 내 남자친구를 건드렸어 / 그래서 난 그녀를 죽일 거야.
_____ / _____

18 난 지금 잘 거야 / 그러니까 날 깨우지 마.   ▶ ~를 깨우다 wake someone up
_____ / _____

19 그녀는 지금 기도할 거야 / 그러니까 그녀를 방해하지 마.   ▶ 기도하다 pray   ▶ ~를 방해하다 bother
_____ / _____

20 난 지금 떠날 거야 / 그러니까 나한테 나중에 전화해.
_____ / _____

흰띠 4단

STEP 2

연기낭독 훈련

답을 맞춰 보며 상대방에게 이야기하듯 실감나게 낭독한 후 낭독 횟수를 체크하세요.

조용히, 억양 없이, 영혼 없이 낭독하면 공식으로만 남게 돼 매우 위험함.

	4회	8회	12회

1. You are a man so you are tough. ✓
2. She is kind so I like her.
3. You are mean so I don't like you.
4. He is sick so he is sleeping.
5. I am cool so I have many friends.
6. He lied to us so we fired him.
7. She was sick so she saw a doctor.
8. I was angry so I hit him.
9. He helped me so I helped him, too.
10. She looked sad so I hugged her.
11. It's snowing so we can't go home.
12. It's raining so let's wait.
13. We are running so we are thirsty.
14. I am studying so I will call you later.
15. I am not wearing my glasses so I can't see anything.
16. He looked smart so they hired him.
17. She touched my boyfriend so I am going to kill her.
18. I'm going to sleep now so don't wake me up.
19. She's going to pray now so don't bother her.
20. I'm going to leave now so call me later.

STEP 3

입영작 마스터 훈련

조금 더 자연스러운 우리말 문장을 보고 실감나게 입영작하세요.

'걔'는 he가 될 수도 she가 될 수도 있으며 여러분의 선택입니다.

		1차	2차	3차
1	넌 남자여서 (넌) 터프해.			
2	걔가 친절해서 난 걔를 좋아해.			
3	네가 못돼서 난 널 안 좋아해.			
4	걔는 아파서 (걔는) 자고 있어.			
5	난 쿨해서 (난) 친구들이 많아.			
6	걔가 우리한테 거짓말해서 우린 걔를 해고했어.			
7	걔는 아파서 (걔는) 의사를 봤어 (=진찰을 받았어).			
8	난 화가 나서 (난) 걔를 때렸어.			
9	걔가 날 도와줘서 나도 걔를 도와줬어.			
10	걔가 슬퍼 보여서 내가 걔를 안아 줬어.			
11	눈이 오고 있어서 우린 집에 못 가.			
12	비가 오고 있으니까 기다리자.			
13	우린 달리고 있어서 (우린) 목이 말라.			
14	나 공부하고 있으니까 내가 너한테 나중에 전화할게.			
15	나 내 안경 안 쓰고 있어서 (난) 아무것도 볼 수가 없어.			
16	걔가 똑똑해 보여서 그들이 걔를 고용했어.			
17	걔가 내 남자친구를 건드려서 난 걔 죽일 거야.			
18	나 지금 잘 거니까 날 깨우지 마.			
19	걔 지금 기도할 거니까 걔를 방해하지 마.			
20	나 지금 떠날 거니까 나한테 나중에 전화해.			

심하게 버벅거림 : 1점
버벅거림은 줄었으나 책 읽듯 어색함 : 3점
연기하듯 자연스러움 : 5점

TOTAL 1차 2차 3차

40점 이하 연기낭독훈련 부터 다시
41~79점 입영작 마스터 훈련 재도전
80점 이상 흰띠 4단 완성

흰띠 5단

I'M GLAD THAT YOU LIKE IT.
맘에 든다니 좋네.

사용빈도 ★★★★★
난이도 ★★☆

마유: 맘에 들어?
효주: 자기야! 내가 딱 찾던 목걸이야!
마유: **맘에 든다니 좋네.**
효주: 센스학원 다녀 정말?

상황 마유는 기분이 '좋다'는 표현에서 멈추지 않고
그 이유는 효주가 선물을 '맘에 들어 해서'라고 '더욱 자세히 설명'하고 있습니다.

무기
[that] ~라는 사실

1 [that]은 [기본 문장]을 더욱 자세히 설명해 주는 무기입니다.
[that] 뒤에는 [평서문]이 오게 됩니다.

2 [that 평서문]은 '[평서문]이라는 사실'이라고 직역되지만
실제로는 문장의 흐름에 따라 다양하게 의역이 될 수 있고,
이는 훈련을 할수록 감이 오게 되므로 너무 해석에 집착할 필요는 없습니다.
중요한 것은 [기본 문장]을 [that 평서문]이 '더욱 자세히 설명'해 준다는 것뿐입니다.

예) 난 기뻐 + 네가 내 친구라는 사실. (의역: 난 네가 내 친구라서 기뻐.)
   (I'm glad + that you are my friend.)

　　대단해 + 네가 날 사랑한다는 사실. (의역: 네가 날 사랑한다니 대단해.)
　　(It's amazing + that you love me.)

　　난 생각해 + 네가 귀엽다는 사실. (의역: 난 네가 귀엽다고 생각해.)
　　(I think + that you are cute.)

3 [that] 자체는 회화체에서 종종 생략됩니다.

무기 사용법

[기본 문장] + [that 평서문]

현재
1. 네 아기가 건강해서 난 기뻐.
2. [난 기뻐] + [네 아기가 건강하단 사실].
   [I am glad] + [(that) your baby is healthy].
3. I am glad (that) your baby is healthy.

과거 (부정)
1. 네가 날 좋아했다는 걸 난 몰랐어.
2. [난 몰랐어] + [네가 날 좋아했던 사실].
   [I didn't know] + [(that) you liked me].
3. I didn't know (that) you liked me.

이미 마음먹은 것의 진행
1. 내가 그를 좋아한다고 난 그에게 말할 거야.
2. [난 그에게 말할 거야] + [내가 그를 좋아한다는 사실].
   [I am going to tell him] + [(that) I like him].
3. I am going to tell him (that) I like him.

무기 UPGRADE
[기본 문장]으로 [질문형 문장]도 사용 가능.
예) Did I tell you (that) I love you so much? (널 많이 사랑한다고 내가 너한테 말했던가?)

예문 폭탄

1. **I am sad / that you have to leave.**
   (난 슬퍼 / 네가 떠나야만 한다는 사실. (= 네가 떠나야만 해서))

2. **We are happy / that you are our son.**
   (우린 행복해 / 네가 우리 아들이라는 사실. (= 네가 우리 아들이어서))

3. **I think / that you are attractive.**
   (난 생각해 / 네가 매력적이라는 사실. (= 네가 매력적이라고))

4. **I heard / that you used to be fat.**
   (난 들었어 / 네가 뚱뚱했었다는 사실. (= 네가 뚱뚱했었다고))

5. **She said / that you ran away.**
   (그녀가 말했어 / 네가 도망갔다는 사실. (= 네가 도망갔다고))

6. **I didn't know / that she was our CEO.**
   (난 몰랐어 / 그녀가 우리 CEO였다는 사실. (= 그녀가 우리 CEO였다는 걸))

7. **He told me / that he didn't like me.**
   (그는 내게 말했어 / 그가 날 안 좋아했다는 사실. (= 그가 날 안 좋아했다고))

8. **It's amazing / that you are studying English.**
   (대단해 / 네가 영어를 공부하고 있다는 사실. (= 네가 영어 공부하고 있다는 게))

9. **Did you know / that I was single?**
   (넌 알았니 / 내가 싱글이었다는 사실? (= 내가 싱글이었다는 걸))

10. **Are you happy / that I am your husband?**
    (당신은 행복해 / 내가 당신 남편이라는 사실? (= 내가 당신 남편이라서))

STEP 1

손영작 입영작 어순 훈련

막히지 않을 때까지 손영작+입영작 무한반복 하세요.

1. 난 기뻐 / 네가 그걸 좋아한다는 사실. (= 네가 그걸 좋아해서)
   _____ / _____

2. 그는 슬퍼 / 그가 싱글이라는 사실. (= 그가 싱글이라서)
   _____ / _____

3. 그녀는 흥분해 있어 / 오늘이 그녀의 생일이라는 사실. (= 오늘이 그녀의 생일이라서)   ▶ 흥분한 excited
   _____ / _____

4. 우린 우울해 / 내일이 월요일이라는 사실. (= 내일이 월요일이라서)   ▶ 우울한 depressed   ▶ 월요일 Monday
   _____ / _____

5. 난 행복해 / 네가 행복하다는 사실. (= 네가 행복해서)
   _____ / _____

6. 난 미안해 / 내가 예쁘다는 사실. (= 내가 예뻐서)
   _____ / _____

7. 난 기뻐 / 네가 날 좋아하지 않는다는 사실. (= 네가 날 좋아하지 않아서)
   _____ / _____

8. 우린 충격 받아 있어 / 그가 40살이 아니라는 사실. (= 그가 40살이 아니라서)   ▶ 충격받아 있는 shocked
   _____ / _____

9. 난 행복했어 / 네가 내 남자친구였다는 사실. (= 네가 내 남자친구였기에)
   _____ / _____

10. 그녀는 화났었어 / 내가 그녀에게 거짓말한 사실. (= 내가 그녀에게 거짓말해서)
    _____ / _____

성급히 넘어가면 결국 또다시 왕초보 영어에 머물 것을 보장함

11 우린 질투 났었어 / 그가 섹시한 여자친구를 갖고 있었다는 사실. (= 그가 섹시한 여자친구를 갖고 있었기에)
▶ 질투 나는 jealous

_____ / _____

12 난 알아 / 네가 영어를 좋아한다는 사실. (= 네가 영어를 좋아하는 걸)

_____ / _____

13 그는 말했어 / 그가 네 계산기를 부쉈다는 사실. (= 그가 네 계산기를 부쉈다고) ▶ 부수다 break ▶ 계산기 calculator

_____ / _____

14 무서워 / 그가 나를 찾아냈다는 사실. (= 그가 나를 찾아냈다니)
▶ 무서운 scary

_____ / _____

15 아름다워 / 네가 그녀에게 프러포즈했다는 사실. (= 네가 그녀에게 프러포즈했다니)

_____ / _____

16 난 믿을 수 없어 / 네가 여자친구를 가지고 있다는 사실. (= 네가 여자친구를 가지고 있다는 것을)

_____ / _____

17 우린 믿을 수 없어 / 이 치킨이 무료라는 사실. (= 이 치킨이 무료라는 것을)

_____ / _____

18 넌 아니 / 내일이 마지막 날이라는 사실? (= 내일이 마지막 날이란 걸)

_____ / _____

19 넌 믿을 수 있니 / 영어가 쉽다는 사실? (= 영어가 쉽다는 걸)

_____ / _____

20 넌 행복하니 / 네가 인기 있다는 사실? (= 네가 인기 있어서)
▶ 인기 있는 popular

_____ / _____

흰띠 5단 **45**

STEP 2

연기낭독 훈련

답을 맞춰 보며 상대방에게 이야기하듯 실감나게 낭독한 후 낭독 횟수를 체크하세요.

조용히, 억양 없이, 영혼 없이 낭독하면 공식으로만 남게 돼 매우 위험함.

		4회	8회	12회
1	I am glad that you like it.	✓		
2	He is sad that he is single.			
3	She is excited that today is her birthday.			
4	We are depressed that tomorrow is Monday.			
5	I am happy that you are happy.			
6	I am sorry that I am pretty.			
7	I am glad that you don't like me.			
8	We are shocked that he isn't 40.			
9	I was happy that you were my boyfriend.			
10	She was angry that I lied to her.			
11	We were jealous that he had a sexy girlfriend.			
12	I know that you like English.			
13	He said that he broke your calculator.			
14	It's scary that he found me.			
15	It's beautiful that you proposed to her.			
16	I can't believe that you have a girlfriend.			
17	We can't believe that this chicken is free.			
18	Do you know that tomorrow is the last day?			
19	Can you believe that English is easy?			
20	Are you happy that you are popular?			

STEP 3

입영작 마스터 훈련

조금 더 자연스러운 우리말 문장을 보고 실감나게 입영작하세요.

'걔'는 he가 될 수도 she가 될 수도 있으며 여러분의 선택입니다.

		1차	2차	3차
1	난 기뻐 네가 그걸 좋아한다는 것에.			
2	걔는 슬퍼해 자기가 싱글이라는 것에.			
3	걔는 흥분해 있어 오늘이 자기 생일이라는 것에.			
4	우린 우울해 내일이 월요일이라는 것에.			
5	난 행복해 네가 행복하다는 것에.			
6	난 미안해 내가 예쁘다는 것에.			
7	난 기뻐 네가 날 좋아하지 않는 것에.			
8	우린 충격 받아 있어 그 사람이 40살이 아니라는 것에.			
9	난 행복했어 네가 내 남자친구였다는 것에.			
10	걔는 화났었어 내가 자기에게 거짓말했다는 것에.			
11	우린 질투 났었어 걔가 섹시한 여자친구를 가졌었다는 것에.			
12	난 알아 네가 영어를 좋아한다는 걸.			
13	걔가 말했어 자기가 네 계산기를 부쉈다는 걸.			
14	무서워 걔가 나를 찾아냈다는 게.			
15	아름다워 네가 걔한테 프러포즈했다는 게.			
16	난 믿을 수가 없어 네가 여자친구가 있다는 걸.			
17	우린 믿을 수가 없어 이 치킨이 무료라는 걸.			
18	넌 아니 내일이 마지막 날이라는 걸?			
19	넌 믿을 수 있니 영어가 쉽다는 걸?			
20	넌 행복하니 네가 인기 있다는 것에?			

심하게 버벅거림 : 1점
버벅거림은 줄었으나 책 읽듯 어색함 : 3점
연기하듯 자연스러움 : 5점

TOTAL   1차   2차   3차

40점 이하 — 연기낭독훈련 부터 다시
41~79점 — 입영작 마스터 훈련 재도전
80점 이상 — 흰띠 5단 완성

노란띠

아웃소싱 (Outsourcing)
비용 절감과 효율 증대를 목적으로
제3자에게 일을 위탁하거나 외부 부품으로 대체하는 행위

모든 부모님들과 머지않아 엄마, 아빠가 되실 분들께 드릴
중요한 부탁 하나가 있습니다. 많이 중요합니다.
내 아이가 남보다 확실히 영어 잘하는 아이가 되길 원하신다면,
아이의 영어 교육을 절대 100% 아웃소싱(outsourcing)에만 의존하지 마세요.

아이가 선생님보다 자신의 엄마, 아빠에게 먼저 질문을 던지는 이유는
부모님에 대한 절대적인 신뢰감이 있기 때문입니다.
하지만, 부모님들은 그런 아이에게 다음과 같은 안타까운 소식을 종종 전하게
됩니다.

"엄마 영어 못해."
"그걸 왜 엄마한테 물어봐? 선생님한테 물어봐야지."

이렇게 부모님에 대한 아이의 신뢰감은 점차 약해져 가고
아이가 질문하는 횟수 또한 함께 줄어듭니다. 적신호입니다.
수많은 고가의 영어 동화책으로 아이의 서재를 꾸며 주는 엄마, 아빠가 아니라
다만 1. 한 권이라도 2. 함께 읽어 줄 능력이 되는 엄마, 아빠가 되셔야 합니다.

"엄마? 어차피 몰라. 대답도 안 해줘."
"엄마한테 한번 물어볼까? 울 엄만 그래도 영어 좀 하는데."

– 마스터유진

I LIKE YOU BECAUSE YOU'RE CUTE.

나 너 귀여워서 좋아하는 거야.

 마유: 내가 왜 널 좋아하는지 알아?
세인: 왜 왜?
마유: **나 너 귀여워서 좋아하는 거야.**
세인: 이상하게 기분 나쁘진 않다?

상황 마유는 세인에게 반한 '이유'를 도도한 농담으로 표현하고 있습니다.

무기

[because] ~이기 때문에 / ~라서

1 [because]는 [기본 문장]에 '이유'를 추가할 때 쓰는 무기입니다.
[because] 뒤에는 [주어+동사] 어순의 '평서문'이 따라옵니다.

예) 난 널 좋아하는 거야 네가 특별해서.
(I like you because you are special.)

난 걔를 때린 거야 걔가 먼저 날 때려서.
(I hit him because he hit me first.)

넌 날 좋아하니 내가 웃겨서?
(Do you like me because I'm funny?)

무기 사용법

[기본 문장] + [because 평서문]

현재
1. 난 널 좋아해 네가 예뻐서.
2. [난 널 좋아해] + [네가 예쁘기 때문에].
   [I like you] + [because you're pretty].
3. I like you because you're pretty.

과거
1. 난 넘어졌어 네가 날 밀어서.
2. [난 넘어졌어] + [네가 날 밀었기 때문에].
   [I fell] + [because you pushed me].
3. I fell because you pushed me.

현재
1. 난 질투가 나 그녀가 귀여워서.
2. [난 질투가 나] + [그녀가 귀엽기 때문에].
   [I am jealous] + [because she is cute].
3. I am jealous because she is cute.

무기 UPGRADE

a. [기본 문장]으로 [질문형 문장]도 사용 가능.
예) Are you jealous because I am cute? (넌 질투 나니 내가 귀여워서?)
b. [because 평서문]을 [기본 문장] 앞에 놓을 수도 있는데, 이럴 경우엔 [because 평서문] 뒤에 comma를 찍을 것.
예) Because you love me, I am happy.

예문 폭탄

1. **I am sick / because I drank too much.**
   (난 아파 / 내가 너무 많이 마셨기 때문에.)

2. **You are single / because you have high standards.**
   (넌 싱글이야 / 네가 눈이 높기 때문에.)

3. **I like Elisa / because she is attractive.**
   (난 Elisa를 좋아해 / 그녀가 매력적이기 때문에.)

4. **I don't like cucumber / because it tastes weird.**
   (난 오이를 좋아하지 않아 / 그게 이상한 맛이 나기 때문에.)

5. **I was sensitive / because I was tired.**
   (난 민감했었어 / 내가 피곤했기 때문에.)

6. **They promoted me / because I was smart.**
   (그들은 날 승진시켰어 / 내가 똑똑했기 때문에.)

7. **She didn't call Kurt / because he was not her type.**
   (그녀는 Kurt에게 전화하지 않았어 / 그가 그녀의 타입이 아니었기 때문에.)

8. **I am working / because I need money.**
   (난 일하고 있어 / 내가 돈이 필요하기 때문에.)

9. **Are you upset / because I forgot your birthday?**
   (넌 화나 있니 / 내가 네 생일을 잊었기 때문에?)

10. **Do you love me / because I am famous?**
    (넌 날 사랑하니 / 내가 유명하기 때문에?)

STEP 1

손영작 입영작 어순 훈련

막히지 않을 때까지 손영작+입영작 무한반복 하세요.

1 난 행복해 / 네가 내 남자친구이기 때문에.

_____ / _____

2 난 피곤해 / 내가 너무 열심히 일했기 때문에.

_____ / _____

3 그녀는 슬퍼 / 그녀가 싱글이기 때문에.

_____ / _____

4 난 그녀를 좋아해 / 그녀가 귀엽기 때문에.

_____ / _____

5 난 그를 사랑해 / 그가 내 소울메이트이기 때문에.   ▶ 소울메이트 soul mate

_____ / _____

6 난 화가 났었어 / 그가 내 전화기를 확인했기 때문에.   ▶ 화난 mad   ▶ 확인하다 check

_____ / _____

7 난 행복했었어 / 내가 내 지갑을 찾았기 때문에.   ▶ 지갑 wallet

_____ / _____

8 그는 그의 차를 팔았어 / 그가 돈이 필요했기 때문에.

_____ / _____

9 우린 그를 해고했어 / 그가 게을렀기 때문에.   ▶ 게으른 lazy

_____ / _____

10 난 그녀에게 키스했어 / 그녀가 내 마음을 훔쳤기 때문에.   ▶ 훔치다 steal

_____ / _____

| 경고 WARNING | 성급히 넘어가면 결국 또다시 왕초보 영어에 머물 것을 보장함 |

11 난 그와 데이트하지 않을 거야 / 그는 지루하기 때문에.　　　　　　　　　　▶ 지루한 **boring**

_____ / _____

12 우린 공부하지 않을 거야 / 오늘은 금요일이기 때문에.

_____ / _____

13 넌 서둘러야만 해 / 내일이 마지막 날이기 때문에.　　　　　　　　　　　　　▶ 서두르다 **hurry**

_____ / _____

14 난 운동해야만 해 / 내가 뚱뚱하기 때문에.

_____ / _____

15 그녀는 떠나야만 했어 / 그녀는 내일 시험이 있기 때문에.

_____ / _____

16 넌 그를 좋아하니 / 그가 부유하기 때문에?

_____ / _____

17 그녀는 널 좋아하니 / 네가 그녀를 도와줬기 때문에?

_____ / _____

18 넌 그녀를 도와줬니 / 그녀가 가난했기 때문에?　　　　　　　　　　　　　　▶ 가난한 **poor**

_____ / _____

19 넌 이 소파를 샀니 / 네가 그 디자인을 좋아했기 때문에?

_____ / _____

20 그들은 널 고용했니 / 네가 똑똑했기 때문에?

_____ / _____

STEP 2

연기낭독 훈련

답을 맞춰 보며 상대방에게 이야기하듯 실감나게 낭독한 후 낭독 횟수를 체크하세요.

조용히, 억양 없이, 영혼 없이 낭독하면 공식으로만 남게 돼 매우 위험함.

1. I am happy because you are my boyfriend.
2. I am tired because I worked too hard.
3. She is sad because she is single.
4. I like her because she is cute.
5. I love him because he is my soul mate.
6. I was mad because he checked my phone.
7. I was happy because I found my wallet.
8. He sold his car because he needed money.
9. We fired him because he was lazy.
10. I kissed her because she stole my heart.
11. I am not going to date him because he is boring.
12. We are not going to study because today is Friday.
13. You have to hurry because tomorrow is the last day.
14. I have to exercise because I am fat.
15. She had to leave because she has a test tomorrow.
16. Do you like him because he is rich?
17. Does she like you because you helped her?
18. Did you help her because she was poor?
19. Did you buy this sofa because you liked the design?
20. Did they hire you because you were smart?

STEP 3

 입영작 마스터 훈련

조금 더 자연스러운 우리말 문장을 보고 실감나게 입영작하세요.

'걔'는 he가 될 수도 she가 될 수도 있으며 여러분의 선택입니다.

		1차	2차	3차
1	난 행복해 네가 내 남자친구라서.			
2	난 피곤해 (내가) 너무 열심히 일했어서.			
3	걔는 슬퍼하고 있어 (자기가) 싱글이라서.			
4	난 걔를 좋아해 걔가 귀여워서.			
5	난 걔를 사랑해 걔가 내 소울메이트라서.			
6	난 화가 났었어 걔가 내 전화기를 확인해서.			
7	난 행복했어 (내가) 내 지갑을 찾아서.			
8	걔는 자기 차를 팔았어 (걔가) 돈이 필요해서.			
9	우린 걔를 해고했어 걔가 게을러서.			
10	난 걔한테 키스했어 걔가 내 마음을 훔쳐서.			
11	난 걔랑 데이트 안 할 거야 걔가 지루하기 때문에.			
12	우린 공부 안 할 거야 오늘이 금요일이기 때문에.			
13	넌 서둘러야만 해 내일이 마지막 날이기 때문에.			
14	난 운동해야만 해 (내가) 뚱뚱하기 때문에.			
15	걔는 떠나야만 했어 (걔가) 내일 시험이 있어서.			
16	넌 걔를 좋아하니 걔가 부자라서?			
17	걔는 널 좋아하니 네가 걔를 도와줘서?			
18	넌 걔를 도와줬니 걔가 가난해서?			
19	넌 이 소파를 샀니 (네가) 그 디자인을 좋아해서?			
20	걔네는 널 고용했니 네가 똑똑해서?			

심하게 버벅거림 : 1점
버벅거림은 줄었으나 책 읽듯 어색함 : 3점
연기하듯 자연스러움 : 5점

TOTAL   1차 [ ]   2차 [ ]   3차 [ ]

40점 이하 — 연기감독 훈련 부터 다시
41~79점 — 입영작 마스터 훈련 재도전
80점 이상 — 노란띠 1단 완성

노란띠 2단

HE'S DYING BECAUSE OF YOU.

걔 지금 너 때문에 죽어 가.

사용빈도 ★★★★★
난이도 ★★

마유: 미란아. 동건이 좀 만나 줘.
미란: 아, 내가 걜 왜 만나?
마유: **걔 지금 너 때문에 죽어 가.**
미란: 그게 왜 나 때문인데!

상황 ▶ 마유는 동건이가 죽어 가는 '이유'가 미란이 때문이라고 주장하고 있습니다.

무기

[because of] ~ 때문에 / ~하는 것 때문에

1. [because of]는 [기본 문장]에 '이유'를 추가할 때 쓰는 무기입니다. [because]와 달리, [because of] 뒤에는 [명사] 혹은 [~ing]가 옵니다.

   예) 난 네 스타일 때문에 널 좋아하는 거야.
   (I like you because of your style.)

   우린 네 실수 때문에 해고된 거야.
   (We got fired because of your mistake.)

   그게 나 때문이니?
   (Is it because of me?)

무기 사용법: [기본문장] + [because of 명사 혹은 ~ing]

현재진행
1. 그는 너 때문에 죽어 가고 있어.
2. [그는 죽어 가고 있어] + [너 때문에].
   [He is dying] + [because of you].
3. He is dying because of you.

과거
1. 난 내 친구 때문에 그 시험을 낙제했어.
2. [난 그 시험을 낙제했어] + [내 친구 때문에].
   [I failed the test] + [because of my friend].
3. I failed the test because of my friend.

현재 (의무)
1. 그녀는 너 때문에 떠나야만 해.
2. [그녀는 떠나야만 해] + [너 때문에].
   [She has to leave] + [because of you].
3. She has to leave because of you.

무기 UPGRADE
a. [기본 문장]으로 [질문형 문장]도 사용 가능.
예) Are you crying because of your girlfriend? (너 네 여자친구 때문에 울고 있니?)
b. [because of 명사/~ing]를 [기본 문장] 앞에 놓을 수도 있는데,
이때는 [because of 명사/~ing] 뒤에 comma를 찍을 것.
예) Because of her, I am late. (그녀 때문에 나 늦었어.)

예문 폭탄

1. **I am late / because of my homework.**
   (난 늦었어 / 내 숙제 때문에.)

2. **She is confused / because of the new guy.**
   (그녀는 헷갈려 해 / 그 새로운 남자 때문에.)

3. **We are excited / because of the musical.**
   (우린 흥분해 있어 / 그 뮤지컬 때문에.)

4. **I am living in Australia / because of my business.**
   (난 호주에 살고 있어 / 내 사업 때문에.)

5. **He is working every day / because of his debts.**
   (그는 매일 일하고 있어 / 그의 빚 때문에.)

6. **We arrived late / because of the car accident.**
   (우린 늦게 도착했어 / 그 자동차 사고 때문에.)

7. **Jake fell / because of my mistake.**
   (Jake는 넘어졌어 / 내 실수 때문에.)

8. **I don't want to go there / because of you.**
   (난 거기에 가고 싶지 않아 / 너 때문에.)

9. **Are you upset / because of your mean boyfriend?**
   (넌 화가 나 있니 / 네 못된 남자친구 때문에?)

10. **Are they laughing / because of your joke?**
    (그들은 웃고 있니 / 네 농담 때문에?)

STEP 1

손영작 입영작 어순 훈련

막히지 않을 때까지 손영작＋입영작 무한반복 하세요.

1 난 슬퍼 / 너 때문에.

　　　　　　　　　　　　　　　／

2 그녀는 아파 / 그녀의 남자친구 때문에.

　　　　　　　　　　　　　　　／

3 우린 화나 있어 / 네 실수 때문에.

　　　　　　　　　　　　　　　／

4 난 행복했어 / 너 때문에.

　　　　　　　　　　　　　　　／

5 그들은 흥분했었어 / 그 콘서트 때문에.

　　　　　　　　　　　　　　　／

6 난 일해 / 돈 때문에.

　　　　　　　　　　　　　　　／

7 그는 울었어 / 그의 여자친구 때문에.

　　　　　　　　　　　　　　　／

8 난 널 도와주지는 않았어 / 돈 때문에.

　　　　　　　　　　　　　　　／

9 그녀는 네게 전화하지 않았어 / 그녀의 문제 때문에.

　　　　　　　　　　　　　　　／

10 우린 그 미팅을 취소했어 / 그 사고 때문에.　　　▶ 취소하다 **cancel**　▶ 사고 **accident**

　　　　　　　　　　　　　　　／

> 성급히 넘어가면 결국 또다시 왕초보 영어에 머물 것을 보장함
> **WARNING**

11 난 수학을 공부하고 있어 / 내 아버지 때문에.
_____ / _____

12 그녀는 긴장해 있어 / 그녀의 결혼식 때문에. ▶ 긴장한 nervous ▶ 결혼식 wedding
_____ / _____

13 난 움직일 수 없어 / 네 차 때문에.
_____ / _____

14 넌 슬프니 / 네 점수 때문에? ▶ 점수 score
_____ / _____

15 그녀는 행복하니 / 그녀의 성공 때문에? ▶ 성공 success
_____ / _____

16 그들은 달리고 있니 / 그 비 때문에?
_____ / _____

17 넌 운동하고 있니 / 네 몸무게 때문에? ▶ 몸무게 weight
_____ / _____

18 넌 울고 있니 / 네 약혼녀 때문에? ▶ 약혼녀 fiancée
_____ / _____

19 넌 소주 마셨니 / 네 상사 때문에?
_____ / _____

20 그들이 널 고소했니 / 그들의 손실 때문에? ▶ 고소하다 sue ▶ 손실 loss
_____ / _____

노란띠 2단 59

STEP 2

연기낭독 훈련

답을 맞춰 보며 상대방에게 이야기하듯 실감나게 낭독한 후 낭독 횟수를 체크하세요.

조용히, 억양 없이, 영혼 없이 낭독하면 공식으로만 남게 돼 매우 위험함.

1. I am sad because of you.
2. She is sick because of her boyfriend.
3. We are angry because of your mistake.
4. I was happy because of you.
5. They were excited because of the concert.
6. I work because of money.
7. He cried because of his girlfriend.
8. I didn't help you because of money.
9. She didn't call you because of her problem.
10. We cancelled the meeting because of the accident.
11. I am studying math because of my father.
12. She is nervous because of her wedding.
13. I can't move because of your car.
14. Are you sad because of your score?
15. Is she happy because of her success?
16. Are they running because of the rain?
17. Are you exercising because of your weight?
18. Are you crying because of your fiancée?
19. Did you drink soju because of your boss?
20. Did they sue you because of their loss?

STEP 3

 입영작 마스터 훈련

조금 더 자연스러운 우리말 문장을 보고 실감나게 입영작하세요.

{ '걔'는 he가 될 수도 she가 될 수도 있으며 여러분의 선택입니다.

		1차	2차	3차
1	난 너 때문에 슬퍼.			
2	걔는 자기 남자친구 때문에 아파.			
3	우린 네 실수 때문에 화나 있어.			
4	난 너 때문에 행복했어.			
5	걔네는 그 콘서트 때문에 흥분했었어.			
6	난 돈 때문에 일해.			
7	걔는 자기 여자친구 때문에 울었어.			
8	난 돈 때문에 널 도와줬던 게 아니야.			
9	걔는 자기 문제 때문에 너한테 전화했던 게 아니야.			
10	우린 그 사고 때문에 그 미팅 취소했어.			
11	난 우리 아버지 때문에 수학 공부하고 있어.			
12	걔는 자기 결혼식 때문에 긴장해 있어.			
13	난 네 차 때문에 움직일 수가 없어.			
14	넌 네 점수 때문에 슬프니?			
15	걔는 자신의 성공 때문에 행복해하니?			
16	걔네는 그 비 때문에 달리고 있는 거야?			
17	너 네 몸무게 때문에 운동하고 있는 거야?			
18	너 네 약혼녀 때문에 울고 있는 거야?			
19	넌 네 상사 때문에 소주 마셨어?			
20	걔네가 자기네 손실 때문에 널 고소했어?			

심하게 버벅거림 : 1점
버벅거림은 줄었으나 책 읽듯 어색함 : 3점
연기하듯 자연스러움 : 5점

TOTAL 1차 □ 2차 □ 3차 □

40점 이하 → 연기감독 훈련 부터 다시
41~79점 → 입영작 마스터 훈련 재도전
80점 이상 → 노란띠 2단 완성

I'VE LEARNED A LOT THANKS TO YOU.

네 덕분에 많은 걸 배웠어.

지영: 헤어지자고 할 땐 언제고 왜 보자고 한 거야?
마유: 내가 밉겠지… 그렇겠지…
지영: 오히려 고마워. **네 덕분에 많은 걸 배웠어.**
       지금 남자친구한테 정말 잘해 주거든.

상황 지영이는 많은 걸 배운 게 다 마유 '**덕분**'이라고 말하고 있습니다.

[thank to] ~ 덕분에

1. [thanks to]는 [because of]와 비슷하지만 '덕분에' 라는 '고마움'의 뉘앙스를 전달합니다. 뒤에는 [명사] 혹은 [~ing]가 따라옵니다.

   예) 난 네 도움 덕분에 패스했어.
   　　(I passed thanks to your help.)

   　　그는 자기 아내 덕분에 행복하게 살고 있어.
   　　(He's living happily thanks to his wife.)

   　　그는 그의 랩 실력 덕분에 슈퍼스타가 된 거야.
   　　(He has become a superstar thanks to his rapping skills.)

무기 사용법

[기본 문장] + [thanks to 명사 혹은 ~ing]

have p.p.
1. 난 네 덕분에 많은 걸 배웠어.
2. [난 많은 걸 배웠어] + [네 덕분에].
   [I've learned many things] + [thanks to you].
3. I've learned many things thanks to you.

과거
1. 그녀는 그의 도움 덕분에 그 면접을 통과했어.
2. [그녀는 그 면접을 통과했어] + [그의 도움 덕분에].
   [She passed the interview] + [thanks to his help].
3. She passed the interview thanks to his help.

현재진행
1. 난 우리 아버지 덕분에 Apple에서 일하고 있어.
2. [난 Apple에서 일하고 있어] + [우리 아버지 덕분에].
   [I am working at Apple] + [thanks to my father].
3. I am working at Apple thanks to my father.

무기 UPGRADE

a. [thanks to]는 비꼬는 말투로 사용할 수도 있음.
예) We got fired thanks to you. (우린 네 덕분에 해고됐어.)
b. [thanks to 명사/~ing]는 [기본 문장] 앞에 놓일 수도 있는데, 이때는 뒤에 comma를 찍을 것.
예) Thanks to you, I'm living my life happily.

예문 폭탄

1. **The singer is safe / thanks to her bodyguards.**
   (그 가수는 안전해 / 그녀의 보디가드들 덕분에.)

2. **I speak good English / thanks to you.**
   (난 영어를 잘해 / 네 덕분에.)

3. **My job has become easier / thanks to this new software.**
   (내 일이 더 쉬워졌어 / 이 새로운 소프트웨어 덕분에.)

4. **The plane didn't crash / thanks to the smart pilot.**
   (그 비행기는 추락하지 않았어 / 그 똑똑한 조종사 덕분에.)

5. **The patient didn't die / thanks to the doctors.**
   (그 환자는 죽지 않았어 / 그 의사들 덕분에.)

6. **We could do it / thanks to your love and support.**
   (우린 그걸 할 수 있었어 / 네 사랑과 지지 덕분에.)

7. **I could escape / thanks to this special tool.**
   (난 탈출할 수 있었어 / 이 특별한 도구 덕분에.)

8. **We can live longer / thanks to this new technology.**
   (우린 더 오래 살 수 있어 / 이 새로운 기술 덕분에.)

9. **We are breathing / thanks to these trees.**
   (우린 숨쉬고 있어 / 이 나무들 덕분에.)

10. **My son is walking again / thanks to the medicine.**
    (내 아들이 다시 걷고 있어 / 그 약 덕분에.)

STEP 1

손영작 입영작 어순 훈련

막히지 않을 때까지 손영작＋입영작 무한반복 하세요.

1 난 행복해 / 네 덕분에.

_____ / _____

2 그녀는 건강해 / 그녀의 의사들 덕분에. ▶ 건강한 **healthy**

_____ / _____

3 우린 안전해 / 우리의 군인들 덕분에.

_____ / _____

4 그는 부유해 / 그의 직원들 덕분에. ▶ 직원 **employee**

_____ / _____

5 난 다시 걸을 수 있어 / 내 의사 덕분에.

_____ / _____

6 그녀는 다시 미소 지을 수 있어 / **Andy**의 사랑 덕분에.

_____ / _____

7 그들은 먹을 수 있어 / 그의 기부 덕분에. ▶ 기부 **donation**

_____ / _____

8 난 이 책을 끝냈어 / 네 지지 덕분에. ▶ 지지 **support**

_____ / _____

9 난 그 시험을 패스했어 / 네 덕분에.

_____ / _____

10 그녀는 살을 뺐어 / 그녀의 트레이너 덕분에. ▶ 살을 빼다 **lose weight**

_____ / _____

경고
성급히 넘어가면 결국 또다시 왕초보 영어에 머물 것을 보장함

11 우리 많은 돈을 벌었어 / 이 제품 덕분에.   ▶ 많은 a lot of ▶ 제품 product

_____ / _____

12 난 이 일을 찾았어 / 내 삼촌 덕분에.

_____ / _____

13 난 내 숙제를 끝냈어 / 내 친구의 도움 덕분에.

_____ / _____

14 그녀는 그녀의 집을 팔았어 / **Mike**의 도움 덕분에.

_____ / _____

15 난 서울로 이사했어 / 내 부모님의 지지 덕분에.

_____ / _____

16 내 영어는 향상되고 있어 / 이 책 덕분에.   ▶ 향상되다 improve

_____ / _____

17 난 살을 빼고 있어 / 이 다이어트 프로그램 덕분에.

_____ / _____

18 그는 일하지 않아도 돼 / 그의 부모님 덕분에.   ▶ ~하지 않아도 된다 doesn't have to

_____ / _____

19 난 그 면접을 패스할 수 있었어 / 내 점수 덕분에.   ▶ ~할 수 있다 be able to

_____ / _____

20 그녀는 그녀의 고양이를 찾을 수 있었어 / 그 경찰 덕분에.   ▶ 경찰 cop

_____ / _____

노란띠 3단 **65**

STEP 2

 연기낭독 훈련

답을 맞춰 보며 상대방에게 이야기하듯 실감나게 낭독한 후 낭독 횟수를 체크하세요.

조용히, 억양 없이, 영혼 없이 낭독하면 공식으로만 남게 돼 매우 위험함.

		4회	8회	12회
1	I am happy thanks to you.	✓		
2	She is healthy thanks to her doctors.			
3	We are safe thanks to our soldiers.			
4	He is rich thanks to his employees.			
5	I can walk again thanks to my doctor.			
6	She can smile again thanks to Andy's love.			
7	They can eat thanks to his donation.			
8	I finished this book thanks to your support.			
9	I passed the test thanks to you.			
10	She lost weight thanks to her trainer.			
11	We made a lot of money thanks to this product.			
12	I found this job thanks to my uncle.			
13	I finished my homework thanks to my friend's help.			
14	She sold her house thanks to Mike's help.			
15	I moved to Seoul thanks to my parents' support.			
16	My English is improving thanks to this book.			
17	I am losing weight thanks to this diet program.			
18	He doesn't have to work thanks to his parents.			
19	I was able to pass the interview thanks to my score.			
20	She was able to find her cat thanks to the cop.			

STEP 3

 입영작 마스터 훈련

조금 더 자연스러운 우리말 문장을 보고 실감나게 입영작하세요.

'걔'는 he가 될 수도 she가 될 수도 있으며 여러분의 선택입니다.

		1차	2차	3차
1	난 네 덕분에 행복해.			
2	걔는 자기 의사들 덕분에 건강해.			
3	우린 우리 군인들 덕분에 안전해.			
4	걔는 자기 직원들 덕분에 부유해.			
5	난 내 의사 덕분에 다시 걸을 수 있어.			
6	걔는 Andy의 사랑 덕분에 다시 미소 지을 수 있어.			
7	걔네는 그의 기부 덕분에 먹을 수 있어.			
8	난 네 지지 덕분에 이 책을 끝마쳤어.			
9	난 네 덕분에 그 시험을 패스했어.			
10	걔는 자기 트레이너 덕분에 살을 뺐어.			
11	우린 이 제품 덕분에 많은 돈을 벌었어.			
12	난 내 삼촌 덕분에 이 일을 찾았어.			
13	난 내 친구의 도움 덕분에 내 숙제를 끝마쳤어.			
14	걔는 Mike의 도움 덕분에 자기 집을 팔았어.			
15	난 내 부모님의 지지 덕분에 서울로 이사했어.			
16	내 영어는 이 책 덕분에 향상되고 있어.			
17	난 이 다이어트 프로그램 덕분에 살을 빼고 있어.			
18	걔는 자기 부모님 덕분에 일 안 해도 돼.			
19	난 내 점수 덕분에 그 면접을 패스할 수 있었어.			
20	걔는 그 경찰 덕분에 자기 고양이를 찾을 수 있었어.			

심하게 버벅거림 : 1점
버벅거림은 줄었으나 책 읽듯 어색함 : 3점
연기하듯 자연스러움 : 5점

TOTAL 1차 ☐ 2차 ☐ 3차 ☐

40점 이하 — 연기낭독훈련 부터 다시
41~79점 — 입영작 마스터 훈련 재도전
80점 이상 — 노란띠 3단 완성

I QUIT MY JOB TO COME WITH YOU.

너랑 같이 가려고 일 관뒀어.

 마유: 나 자기랑 같이 가려고 일 관뒀다!
송희: 뭔 소리여. 나 유학 안 가. 비자 떨어졌어.
마유: 워우…

상황 마유는 '가려고' 라는 '**목적**'을 설명하고 있습니다.

무기

[to 동사] ~하기 위해 / ~하려고 / ~하게

1 [입영작 영어회화 잘 대답하기]에서 자연스럽게 다룬 [to 동사]의 여러 가지 쓰임 중, 문장 확장에서 가장 많이 쓰이는 '~하기 위해 / ~하려고' 라는 의미를 훈련합니다.

예) 난 돈 벌기 위해 일하고 있어.
　　(I'm working to make money.)

　　그는 여자친구를 보기 위해 1,000마일을 걸어 왔어.
　　(He has walked 1,000 miles to see his girlfriend.)

　　우리가 여기 싸우려고 모인 거니?
　　(Are we here to fight?)

무기 사용법

[기본 문장] + [to 동사원형]

현재
1. 난 먹기 위해 살아.
2. [나는 살아] + [먹기 위해].
   [I live] + [to eat].
3. I live to eat.

과거
1. 그는 그녀를 구출하기 위해 점프했어.
2. [그는 점프했어] + [그녀를 구출하기 위해서].
   [He jumped] + [to rescue her].
3. He jumped to rescue her.

현재진행
1. 난 강남에 가기 위해 운전하고 있어.
2. [난 운전하고 있어] + [강남에 가기 위해].
   [I am driving] + [to go to Gangnam].
3. I am driving to go to Gangnam.

무기 UPGRADE
[기본 문장]으로 [질문형 문장]도 사용 가능.
예) Are you driving to go to Busan? (넌 부산에 가기 위해 운전하고 있니?)

예문 폭탄

1. **I borrowed $1,000 / to buy a suit.**
   (난 1,000달러를 빌렸어 / 정장을 사기 위해.)

2. **He called me / to wake me up.**
   (그는 내게 전화했어 / 날 깨우기 위해.)

3. **He is working / to support his parents.**
   (그는 일하고 있어 / 그의 부모님을 부양하기 위해.)

4. **She is running / to catch the bus.**
   (그녀는 뛰고 있어 / 그 버스를 잡기 위해.)

5. **I have to study English / to succeed in my life.**
   (난 영어를 공부해야만 해 / 내 인생에서 성공하기 위해.)

6. **We have to leave now / to avoid the traffic jam.**
   (우린 지금 떠나야만 해 / 교통체증을 피하기 위해.)

7. **Did you wake up / to have breakfast?**
   (넌 일어났니 / 아침 식사를 하기 위해?)

8. **Did she call you / to break up with you?**
   (그녀가 네게 전화했니 / 너랑 헤어지려고?)

9. **Are you eating salad / to lose weight?**
   (넌 샐러드를 먹고 있니 / 살을 빼기 위해?)

10. **Is he learning English / to live in America?**
    (그는 영어를 배우고 있니 / 미국에서 살기 위해?)

STEP 1

손영작 입영작 어순 훈련

막히지 않을 때까지 손영작+입영작 무한반복 하세요.

1   난 일하고 있어 / 돈을 벌기 위해.

_____ / _____

2   난 영어를 공부하고 있어 / 성공하기 위해.   ▶ 성공하다 succeed

_____ / _____

3   그는 노력하고 있어 / 이 창문을 열기 위해.

_____ / _____

4   그녀는 운동하고 있어 / 살을 빼기 위해.

_____ / _____

5   난 네 전화기가 필요해 / 그녀에게 전화하기 위해.

_____ / _____

6   그녀는 내 도움을 필요로 해 / 그녀의 숙제를 끝마치기 위해.

_____ / _____

7   우린 공부해야만 해 / 그 시험을 패스하기 위해.   ▶ ~해야만 하다 have to

_____ / _____

8   난 열심히 일해야만 해 / 집을 사기 위해.

_____ / _____

9   난 남자친구가 필요해 / 행복하기 위해.

_____ / _____

10   넌 열심히 공부해야만 해 / 의사가 되기 위해.

_____ / _____

입영작 영어회화 : 영어로 진짜 길게 말하기

경고 WARNING — 성급히 넘어가면 결국 또다시 왕초보 영어에 머물 것을 보장함

11 난 왔어 / 널 보기 위해.

_____ / _____

12 난 일찍 일어났어 / 학교에 가기 위해.

_____ / _____

13 그녀는 날 꼬집었어 / 날 깨우기 위해.　　　　　　　　　　　　▶ 꼬집다 **pinch**

_____ / _____

14 그는 택시를 탔어 / 직장에 가기 위해.　　　　　　　　　　▶ 택시를 타다 **take a taxi**

_____ / _____

15 넌 사니 / 먹기 위해?

_____ / _____

16 넌 내 컴퓨터를 사용했니 / 네 숙제를 하기 위해?

_____ / _____

17 넌 내게 전화했니 / 돈을 빌리기 위해?

_____ / _____

18 넌 네 차를 팔았니 / 네 여자친구를 도와주기 위해?

_____ / _____

19 그녀를 방문하자 / 그녀를 놀래켜 주기 위해.　　　　　　　▶ 놀래켜 주다 **surprise**

_____ / _____

20 기도하자 / **Jane**을 지지하기 위해.　　　　　　　　　　　　▶ 기도하다 **pray**

_____ / _____

노란띠 4단

STEP 2

연기낭독 훈련

답을 맞춰 보며 상대방에게 이야기하듯 실감나게 낭독한 후 낭독 횟수를 체크하세요.

조용히, 억양 없이, 영혼 없이 낭독하면 공식으로만 남게 돼 매우 위험함.

		4회	8회	12회
1	I am working to make money.	☑	☐☐	☐☐
2	I am studying English to succeed.	☐☐	☐☐	☐☐
3	He is trying to open this window.	☐☐	☐☐	☐☐
4	She is exercising to lose weight.	☐☐	☐☐	☐☐
5	I need your phone to call her.	☐☐	☐☐	☐☐
6	She needs my help to finish her homework.	☐☐	☐☐	☐☐
7	We have to study to pass the test.	☐☐	☐☐	☐☐
8	I have to work hard to buy a house.	☐☐	☐☐	☐☐
9	I need a boyfriend to be happy.	☐☐	☐☐	☐☐
10	You have to study hard to be a doctor.	☐☐	☐☐	☐☐
11	I came to see you.	☐☐	☐☐	☐☐
12	I woke up early to go to school.	☐☐	☐☐	☐☐
13	She pinched me to wake me up.	☐☐	☐☐	☐☐
14	He took a taxi to go to work.	☐☐	☐☐	☐☐
15	Do you live to eat?	☐☐	☐☐	☐☐
16	Did you use my computer to do your homework?	☐☐	☐☐	☐☐
17	Did you call me to borrow money?	☐☐	☐☐	☐☐
18	Did you sell your car to help your girlfriend?	☐☐	☐☐	☐☐
19	Let's visit her to surprise her.	☐☐	☐☐	☐☐
20	Let's pray to support Jane.	☐☐	☐☐	☐☐

입영작 영어회화 : 영어로 진짜 길게 말하기

STEP 3

입영작 마스터 훈련

조금 더 자연스러운 우리말 문장을 보고 실감나게 입영작하세요.

'걔'는 he가 될 수도 she가 될 수도 있으며 여러분의 선택입니다.

		1차	2차	3차
1	난 돈 벌려고 일하고 있어.			
2	난 성공하려고 영어 공부하고 있어.			
3	걔는 이 창문을 열려고 노력하고 있어.			
4	걔 살 빼려고 운동하고 있어.			
5	난 걔한테 전화하기 위해 네 전화기가 필요해.			
6	걔는 자기 숙제를 끝내려고 내 도움을 필요로 해.			
7	우리 그 시험 패스하기 위해 공부해야 해.			
8	난 집 사기 위해 열심히 일해야 해.			
9	난 행복하기 위해 남자친구가 필요해.			
10	넌 의사가 되기 위해 열심히 공부해야 해.			
11	나 너 보려고 왔어.			
12	나 학교 가려고 일찍 일어났어.			
13	걔는 날 깨우려고 날 꼬집었어.			
14	걔는 출근하려고 택시 탔어.			
15	넌 먹으려고 살아?			
16	너 네 숙제 하려고 내 컴퓨터 썼어?			
17	너 돈 빌리려고 나한테 전화했어?			
18	너 네 여자친구 도와주려고 네 차 팔았어?			
19	그녀를 놀래켜 주게 그녀를 방문하자.			
20	Jane을 지지해 주게 기도하자.			

심하게 버벅거림 : 1점
버벅거림은 줄었으나 책 읽듯 어색함 : 3점
연기하듯 자연스러움 : 5점

TOTAL 1차 2차 3차

40점 이하 — 연기낭독 훈련 부터 다시
41~79점 — 입영작 마스터 훈련 재도전
80점 이상 — 노란띠 4단 완성

노란띠 4단 73

I TRIED MY BEST NOT TO GAIN WEIGHT.

난 살찌지 않으려고 최선을 다했어.

 마유: 그래도 나 살찌지 않으려고 최선을 다했어.
동민: 최선이라...
마유: 더블 치즈 버거에 토마토 뺐지, 수프림 피자에 피망 뺐지, 파 닭에...
동민: 파 뺐냐?

상황 마유는 살찌지 '않기 위해' 라는 '목적'을 설명하고 있습니다.

무기

[not to 동사]
~하지 않기 위해 / ~하지 않으려고 / ~하지 않게

---

1 [to 동사]가 '~하기 위해' 라면
[not to 동사]는 반대로 '~하지 않기 위해' 라고 해석합니다.

예) 난 그녀에게 상처 주지 않기 위해 노력하고 있어.
　　(I'm trying not to hurt her.)

　　난 부장님이랑 등산 가지 않으려고 그 분의 전화를 무시하고 있는 거야.
　　(I'm ignoring his phone calls not to go hiking with him.)

　　아기를 깨우지 않게 조심해.
　　(Be careful not to wake up the baby.)

무기 사용법

[기본 문장] + [not to 동사원형]

현재진행
1. 난 아프지 않으려고 운동하고 있어.
2. [난 운동하고 있어] + [아프지 않기 위해].
   [I am exercising] + [not to get sick].
3. I am exercising not to get sick.

명령
1. 그녀를 깨우지 않게 조심해.
2. [조심해] + [그녀를 깨우지 않기 위해].
   [Be careful] + [not to wake her up].
3. Be careful not to wake her up.

과거
1. 그는 그녀를 방해하지 않으려고 노력했어.
2. [그는 노력했어] + [그녀를 방해하지 않기 위해].
   [He tried] + [not to bother her].
3. He tried not to bother her.

| 무기 UPGRADE | [기본 문장]으로 [질문형 문장]도 사용 가능.
예) <u>Are you trying</u> not to fail? (넌 실패하지 않으려고 노력하고 있니?) |

예문 폭탄

1. **I am running / not to be late.**
   (난 뛰고 있어 / 늦지 않기 위해.)

2. **She is walking / not to gain weight.**
   (그녀는 걷고 있어 / 살이 찌지 않기 위해.)

3. **Kenny is writing down my number / not to forget it.**
   (Kenny는 내 번호를 받아 적고 있어 / 그것을 까먹지 않기 위해.)

4. **He moved to Florida / not to see Jane.**
   (그는 플로리다로 이사 갔어 / Jane을 보지 않기 위해.)

5. **We worked hard / not to get fired.**
   (우린 열심히 일했어 / 해고되지 않기 위해.)

6. **They tried / not to fall.**
   (그들은 노력했어 / 넘어지지 않기 위해.)

7. **Do your best / not to make a mistake.**
   (최선을 다해 / 실수하지 않기 위해.)

8. **Fasten your seatbelt / not to get hurt.**
   (좌석벨트를 매 / 다치지 않기 위해.)

9. **Did you take this pill / not to fall asleep?**
   (넌 이 알약을 복용했니 / 잠들지 않기 위해?)

10. **Did you marry me / not to feel lonely?**
    (넌 나랑 결혼했니 / 외롭게 느끼지 않기 위해?)

STEP 1

손영작 입영작 어순 훈련

막히지 않을 때까지 손영작＋입영작 무한반복 하세요.

1. 난 여기에서 기다리고 있어 / 그 버스를 놓치지 않기 위해.　　▶ 놓치다 miss

   _____ / _____

2. 난 영어를 공부하고 있어 / 낙제하지 않기 위해.　　▶ 낙제하다 fail

   _____ / _____

3. 그는 노력하고 있어 / 일하지 않기 위해.

   _____ / _____

4. 그녀는 노력하고 있어 / 컨트롤을 잃지 않기 위해.

   _____ / _____

5. 난 네 충고가 필요해 / 그녀와 헤어지지 않기 위해.　　▶ 충고 advice　▶ ~와 헤어지다 break up with someone

   _____ / _____

6. 그녀는 내 도움이 필요해 / 그 시험을 낙제하지 않기 위해.

   _____ / _____

7. 우린 연습해야만 해 / 우리의 코치를 실망시키지 않기 위해.　　▶ 실망시키다 disappoint

   _____ / _____

8. 난 열심히 일해야만 해 / 내 직업을 잃지 않기 위해.　　▶ 직업 job

   _____ / _____

9. 난 남자친구가 필요해 / 외롭지 않기 위해.　　▶ 외로운 lonely

   _____ / _____

10. 넌 스니커즈를 신어야만 해 / 패션 테러리스트가 되지 않기 위해.　　▶ 스니커즈 sneakers

    _____ / _____

성급히 넘어가면 결국 또다시 왕초보 영어에 머물 것을 보장함

11 난 도망갔어 / 마시지 않기 위해. ▶ 도망가다 **run away**

_____ / _____

12 난 늦게 일어났어 / 학교에 가지 않기 위해.

_____ / _____

13 그녀는 내게 전화하지 않았어 / 날 깨우지 않기 위해.

_____ / _____

14 그는 택시를 탔어 / 늦지 않기 위해. ▶ 택시를 타다 **take a taxi**

_____ / _____

15 넌 샐러드를 먹고 있니 / 살찌지 않기 위해? ▶ 살찌다 **gain weight**

_____ / _____

16 넌 노력하고 있니 / 울지 않기 위해?

_____ / _____

17 넌 도망갔니 / 네 숙제를 하지 않기 위해?

_____ / _____

18 넌 떠났니 / 싸우지 않기 위해?

_____ / _____

19 넌 차를 샀니 / 걷지 않기 위해?

_____ / _____

20 떠나자 / 그녀를 깨우지 않기 위해.

_____ / _____

STEP 2

연기낭독 훈련

답을 맞춰 보며 상대방에게 이야기하듯 실감나게 낭독한 후 낭독 횟수를 체크하세요.

조용히, 억양 없이, 영혼 없이 낭독하면 공식으로만 남게 돼 매우 위험함.

		4회	8회	12회
1	I am waiting here not to miss the bus.	☑	☐	☐
2	I am studying English not to fail.	☐	☐	☐
3	He is trying not to work.	☐	☐	☐
4	She is trying not to lose control.	☐	☐	☐
5	I need your advice not to break up with her.	☐	☐	☐
6	She needs my help not to fail the test.	☐	☐	☐
7	We have to practice not to disappoint our coach.	☐	☐	☐
8	I have to work hard not to lose my job.	☐	☐	☐
9	I need a boyfriend not to be lonely.	☐	☐	☐
10	You have to wear sneakers not to be a fashion terrorist.	☐	☐	☐
11	I ran away not to drink.	☐	☐	☐
12	I woke up late not to go to school.	☐	☐	☐
13	She didn't call me not to wake me up.	☐	☐	☐
14	He took a taxi not to be late.	☐	☐	☐
15	Are you eating salad not to gain weight?	☐	☐	☐
16	Are you trying not to cry?	☐	☐	☐
17	Did you run away not to do your homework?	☐	☐	☐
18	Did you leave not to fight?	☐	☐	☐
19	Did you buy a car not to walk?	☐	☐	☐
20	Let's leave not to wake her up.	☐	☐	☐

입영작 영어회화 : 영어로 진짜 길게 말하기

STEP 3

 입영작 마스터 훈련

조금 더 자연스러운 우리말 문장을 보고 실감나게 입영작하세요.

{ '걔'는 he가 될 수도 she가 될 수도 있으며 여러분의 선택입니다. }

		1차	2차	3차
1	나 그 버스 놓치지 않으려고 여기서 기다리고 있어.			
2	나 낙제하지 않으려고 영어 공부하고 있어.			
3	걔는 일 안 하려고 노력하고 있어.			
4	걔는 컨트롤을 잃지 않으려고 노력하고 있어.			
5	나 걔랑 헤어지지 않게 네 충고가 필요해.			
6	걔는 그 시험을 낙제하지 않게 내 도움이 필요해.			
7	우린 우리 코치를 실망시키지 않게 연습해야만 해.			
8	난 내 직업을 잃지 않게 열심히 일해야만 해.			
9	난 외롭지 않게 남자친구가 필요해.			
10	너 패션 테러리스트가 되지 않게 스니커즈를 신어야만 해.			
11	난 마시지 않으려고 도망갔어.			
12	난 학교에 안 가려고 늦게 일어났어.			
13	걔는 날 깨우지 않으려고 나한테 전화 안 했어.			
14	걔는 지각 안 하려고 택시 탔어.			
15	너 살 안 찌려고 샐러드 먹고 있어?			
16	너 안 울려고 노력하고 있는 거야?			
17	너 네 숙제 안 하려고 도망갔었어?			
18	너 싸우지 않으려고 떠났어?			
19	너 걷지 않으려고 차 샀어?			
20	걔를 깨우지 않게 우리 떠나자.			

심하게 버벅거림 : 1점
버벅거림은 줄었으나 책 읽듯 어색함 : 3점
연기하듯 자연스러움 : 5점

TOTAL   1차 [ ]   2차 [ ]   3차 [ ]

40점 이하 — 연기낭독 훈련 부터 다시
41~79점 — 입영작 마스터 훈련 재도전
80점 이상 — 노란띠 5단 완성

노란띠 6단

I KNOW HOW TO FIND IT OUT.
난 어떻게 알아낼 수 있는지 알지.

사용빈도 ★★★★
난이도 ★★★☆

병재: 그 아이의 마음을 어떻게 알 수 있을까?
마유: 난 어떻게 알아낼 수 있는지 알지.
병재: 어떻게?
마유: 가서 직접 물어봐. 겁쟁이처럼 굴지 말고.

상황 마유는 그녀의 마음을 어떻게 알아낼 수 있는지 그 **'방법'**을 안다고 표현하고 있습니다.

무기

[how to 동사]   어떻게 ~하는지 / ~하는 방법을

1 [how to 동사]는 기본 문장에 구체적인 '방법'을 추가하는 무기입니다.

예) 난 그녀를 어떻게 행복하게 만드는지 (= 그녀를 행복하게 만드는 방법을) 알아.
 (I know how to make her happy.)

우린 어떻게 영어를 잘하는지 (= 영어를 잘하는 방법을) 배우고 있어.
 (We are learning how to speak good English.)

넌 어떻게 탕수육 만드는지 (= 탕수육 만드는 방법을) 아니?
 (Do you know how to make 탕수육?)

무기 사용법
[기본 문장] + [how to 동사원형]

현재
1. 난 어떻게 그걸 알아내는지 알아.
2. [난 알아] + [어떻게 그걸 알아내는지].
   [I know] + [how to find it out].
3. I know how to find it out.

과거
1. 난 어떻게 높게 노래하는지 배웠어.
2. [난 배웠어] + [어떻게 높게 노래하는지].
   [I learned] + [how to sing high].
3. I learned how to sing high.

질문
1. 넌 어떻게 살을 빨리 빼는지 아니?
2. [넌 아니] + [어떻게 살을 빨리 빼는지]?
   [Do you know] + [how to lose weight fast]?
3. Do you know how to lose weight fast?

무기 UPGRADE [how to]를 빠르게 발음하면 flap이라는 발음 현상 때문에 [하우루]와 비슷하게 발음됨.

예문 폭탄

1. **Teach me / how to dance salsa.**
   (내게 가르쳐 줘 / 어떻게 살사를 추는지.)

2. **I know / how to seduce her.**
   (난 알아 / 어떻게 그녀를 유혹하는지.)

3. **She understands / how to solve this.**
   (그녀는 이해해 / 어떻게 이걸 해결하는지.)

4. **We don't know / how to make friends.**
   (우린 몰라 / 어떻게 친구들을 만드는지 (= 친구들을 사귀는지).)

5. **He doesn't understand / how to calculate it.**
   (그는 이해하지 못해 / 어떻게 그걸 계산하는지.)

6. **I learned / how to date a woman.**
   (난 배웠어 / 어떻게 여자랑 데이트하는지.)

7. **She realized / how to look slim.**
   (그녀는 깨달았어 / 어떻게 하면 날씬하게 보이는지.)

8. **He taught me / how to make money.**
   (그는 내게 가르쳐 줬어 / 어떻게 돈을 버는지.)

9. **I didn't know / how to use this app.**
   (난 몰랐어 / 어떻게 이 앱을 사용하는지.)

10. **Did you learn / how to speak Spanish?**
    (넌 배웠니 / 어떻게 스페인어를 구사하는지?)

STEP 1

손영작 입영작 어순 훈련

막히지 않을 때까지 손영작 + 입영작 무한반복 하세요.

1. 난 알아 / 어떻게 영어를 말하는지.
   _____ / _____

2. 난 알아 / 어떻게 차를 운전하는지.
   _____ / _____

3. 그는 알아 / 어떻게 이 컴퓨터를 사용하는지.
   _____ / _____

4. 우린 몰라 / 어떻게 춤추는지.
   _____ / _____

5. 그녀는 몰라 / 어떻게 이 코드를 읽는지. ▶ 코드 code
   _____ / _____

6. 난 네게 가르쳐 줄 수 있어 / 어떻게 랩을 하는지. ▶ 랩을 하다 rap
   _____ / _____

7. 난 배웠어 / 어떻게 수영하는지.
   _____ / _____

8. 그녀는 배웠어 / 어떻게 노래하는지.
   _____ / _____

9. 그녀는 내게 가르쳐 줬어 / 어떻게 일본어를 말하는지.
   _____ / _____

10. 난 이해했어 / 어떻게 이 문제를 풀어내는지.
    _____ / _____

성급히 넘어가면 결국 또다시 왕초보 영어에 머물 것을 보장함

11 넌 아니 / 어떻게 중국어를 말하는지?

_____ / _____

12 넌 아니 / 어떻게 이 전화기를 잠그는지?   ▶ 잠그다 lock

_____ / _____

13 그는 아니 / 어떻게 문장들을 쓰는지?   ▶ 문장 sentence

_____ / _____

14 너는 아니 / 어떻게 이 전화기를 업그레이드하는지?

_____ / _____

15 그녀는 아니 / 어떻게 이 프로그램을 설치하는지?   ▶ 설치하다 install

_____ / _____

16 넌 배웠니 / 어떻게 요리하는지?

_____ / _____

17 넌 배웠니 / 어떻게 스키 타는지?

_____ / _____

18 넌 내게 가르쳐 줄 수 있니 / 어떻게 사자를 그리는지?   ▶ 그리다 draw

_____ / _____

19 누가 네게 가르쳐 줬니 / 어떻게 피아노 치는지?

_____ / _____

20 누가 그녀에게 가르쳐 줬니 / 어떻게 커피를 만드는지?

_____ / _____

노란띠 6단 83

STEP 2

연기낭독 훈련

답을 맞춰 보며 상대방에게 이야기하듯 실감나게 낭독한 후 낭독 횟수를 체크하세요.

조용히, 억양 없이, 영혼 없이 낭독하면 공식으로만 남게 돼 매우 위험함.

		4회	8회	12회
1	I know how to speak English.	✓		
2	I know how to drive a car.			
3	He knows how to use this computer.			
4	We don't know how to dance.			
5	She doesn't know how to read this code.			
6	I can teach you how to rap.			
7	I learned how to swim.			
8	She learned how to sing.			
9	She taught me how to speak Japanese.			
10	I understood how to solve this problem.			
11	Do you know how to speak Chinese?			
12	Do you know how to lock this phone?			
13	Does he know how to write sentences?			
14	Do you know how to upgrade this phone?			
15	Does she know how to install this program?			
16	Did you learn how to cook?			
17	Did you learn how to ski?			
18	Can you teach me how to draw a lion?			
19	Who taught you how to play the piano?			
20	Who taught her how to make coffee?			

입영작 영어회화 : 영어로 진짜 길게 말하기

STEP 3

입영작 마스터 훈련

조금 더 자연스러운 우리말 문장을 보고 실감나게 입영작하세요.

'걔'는 he가 될 수도 she가 될 수도 있으며 여러분의 선택입니다.

		1차	2차	3차
1	나 영어 어떻게 말하는지 알아.			
2	나 자동차 어떻게 운전하는지 알아.			
3	걔는 이 컴퓨터 어떻게 쓰는지 알아.			
4	우리 어떻게 춤추는지 몰라.			
5	걔는 이 코드 어떻게 읽는지 몰라.			
6	나 너한테 어떻게 랩 하는지 가르쳐 줄 수 있어.			
7	나 어떻게 수영하는지 배웠어.			
8	걔는 어떻게 노래하는지 배웠어.			
9	걔가 나한테 일본어 어떻게 말하는지 가르쳐 줬어.			
10	나 이 문제 어떻게 푸는지 이해했어.			
11	너 중국어 어떻게 말하는지 알아?			
12	너 이 전화기 어떻게 잠그는지 알아?			
13	걔는 문장들을 어떻게 쓰는지 알아?			
14	너 어떻게 이 전화기 업그레이드하는지 알아?			
15	걔는 이 프로그램 어떻게 설치하는지 알아?			
16	너 어떻게 요리하는지 배웠어?			
17	너 어떻게 스키 타는지 배웠어?			
18	너 나한테 사자 어떻게 그리는지 가르쳐 줄 수 있어?			
19	누가 너한테 어떻게 피아노 치는지 가르쳐 줬어?			
20.	누가 걔한테 어떻게 커피 만드는지 가르쳐 줬어?			

심하게 버벅거림 : 1점
버벅거림은 줄었으나 책 읽듯 어색함 : 3점
연기하듯 자연스러움 : 5점

TOTAL 1차 2차 3차

40점 이하 연기낭독 훈련 부터 다시
41~79점 입영작 마스터 훈련 재도전
80점 이상 노란띠 6단 완성

노란띠 6단

KICK ME SO THAT I CAN WAKE UP.

내가 일어날 수 있게 날 좀 발로 차 줘.

 마유: 나 내일 면접에 목숨 걸었다.
우혁: 어떻게 도움이라도…
마유: **내가 일어날 수 있게 날 좀 발로 차 줘.**

상황 마유는 '자기가 일어날 수 있게' 라는 '목적'을 표현하고 있습니다.

무기

[so that] ~하도록 / ~하게

---

1 [so that]은 [to 동사원형]과 비슷하게
기본 문장에 '목적'의 내용을 추가하는 무기입니다.
다만, [so that] 뒤에는 '주어+동사' 어순의 [평서문]이 따라옵니다.

2 [평서문]에 can이 없으면 '~하도록',
[평서문]에 can이 있으면 '~할 수 있도록'으로 해석합니다.

예) 나중에 네가 그걸 기억하도록 이걸 적어 놔.
(Write this down <u>so that you remember it later</u>.)

우리 강아지가 들어올 수 있도록 그 문을 열어 줘.
(Open the door <u>so that my puppy can come in</u>.)

그가 내게 연락할 수 있도록 차단을 풀어 놨어.
(I have unblocked him <u>so that he can contact me</u>.)

3 회화체에서는 **that**이 종종 생략됩니다.

예) Kick me so (that) I can wake up.

무기 사용법: [기본 문장] + [so that 평서문]

명령
1. 내가 일어날 수 있도록 나를 발로 차 줘.
2. [나를 발로 차 줘] + [내가 일어날 수 있도록].
   [Kick me] + [so that I can wake up].
3. Kick me so that I can wake up.

과거
1. 난 그가 걸을 수 있도록 도와줬어.
2. [난 그를 도와줬어] + [그가 걸을 수 있도록].
   [I helped him] + [so that he could walk].
3. I helped him so that he could walk.

현재진행
1. 난 스키니진을 입을 수 있도록 운동하고 있어.
2. [난 운동하고 있어] + [스키니진을 입을 수 있도록].
   [I am exercising] + [so that I can wear skinny jeans].
3. I am exercising so that I can wear skinny jeans.

무기 UPGRADE
[기본 문장]으로 [질문형 문장]도 사용 가능.
예) Are you exercising so that you can live healthily? (너 건강하게 살 수 있게 운동하고 있는 거야?)

예문 폭탄

1. **Practice this pattern / so that you can master English.**
   (이 패턴을 연습해 / 네가 영어를 마스터할 수 있도록.)

2. **Call me tomorrow / so that I don't forget.**
   (나한테 내일 전화해 / 내가 잊어 버리지 않도록.)

3. **We are packing / so that we can leave early.**
   (우린 짐 싸고 있어 / 우리가 일찍 떠날 수 있도록.)

4. **I am drinking / so that I don't feel lonely.**
   (난 마시고 있어 / 내가 외롭게 느끼지 않도록.)

5. **I helped her / so that I could date her.**
   (난 그녀를 도와줬어 / 내가 그녀와 데이트할 수 있도록.)

6. **We left early / so that we could arrive in Seoul early.**
   (우린 일찍 떠났어 / 우리가 서울에 일찍 도착할 수 있도록.)

7. **You have to exercise / so that you can become healthy again.**
   (넌 운동을 해야만 해 / 네가 다시 건강해지게.)

8. **I have to finish this now / so that I don't have to work tomorrow.**
   (난 이것을 지금 끝내야만 해 / 내가 내일 일하지 않아도 되게.)

9. **Did you buy a new bag / so that you could go to the party?**
   (넌 새 가방을 샀니 / 네가 그 파티에 갈 수 있도록?)

10. **Did you run / so that you could catch the plane?**
    (넌 달렸니 / 네가 그 비행기를 잡을 수 있게?)

STEP 1

손영작 입영작 어순 훈련

막히지 않을 때까지 손영작+입영작 무한반복 하세요.

1 내게 전화해 / 내가 일찍 일어날 수 있게.

_____ / _____

2 네 차를 움직여 / 내가 지나갈 수 있게.　　　　　　　　　　　　　　　▶ 지나가다 pass

_____ / _____

3 열심히 공부해 / 네가 그 시험을 패스할 수 있게.

_____ / _____

4 내 컴퓨터를 사용해 / 네가 네 숙제를 할 수 있게.

_____ / _____

5 일찍 일어나 / 네가 네 시간을 낭비하지 않게.　　　　　　　　　　　　▶ 낭비하다 waste

_____ / _____

6 난 돈을 모으고 있어 / 내가 유럽에 갈 수 있게.

_____ / _____

7 난 내 자신을 컨트롤하고 있어 / 내가 살을 뺄 수 있게.

_____ / _____

8 난 영어를 공부하고 있어 / 내가 캐나다에서 공부할 수 있게.

_____ / _____

9 그녀는 일본어를 공부하고 있어 / 그녀가 일본에서 살 수 있게.

_____ / _____

10 그는 달리고 있어 / 그가 그 버스를 놓치지 않게.　　　　　　　　　　▶ 놓치다 miss

_____ / _____

경고 **WARNING** { 성급히 넘어가면 결국 또다시 왕초보 영어에 머물 것을 보장함

11 난 그녀를 방문했어 / 내가 그녀를 도와줄 수 있게.

_____ / _____

12 난 그 도서관에 갔어 / 내가 공부할 수 있게. ▶ 도서관 **library**

_____ / _____

13 그는 그의 차를 팔았어 / 그가 집을 살 수 있게.

_____ / _____

14 그녀는 그 알람을 껐어 / 그녀가 잘 수 있게. ▶ 끄다 **turn off**

_____ / _____

15 그들은 날 고용했어 / 내가 돈을 벌 수 있게.

_____ / _____

16 넌 그녀에게 전화했니 / 그녀가 깰 수 있게?

_____ / _____

17 넌 그를 가르쳤니 / 그가 영어를 말할 수 있게?

_____ / _____

18 넌 그녀를 도와주고 있니 / 그녀가 걸을 수 있게?

_____ / _____

19 넌 두부를 먹고 있니 / 네가 살을 뺄 수 있게? ▶ 두부 **tofu**

_____ / _____

20 그녀는 연습하고 있니 / 그녀가 운전할 수 있게? ▶ 연습하다 **practice**

_____ / _____

노란띠 7단 **89**

STEP 2

 연기낭독 훈련

답을 맞춰 보며 상대방에게 이야기하듯 실감나게 낭독한 후 낭독 횟수를 체크하세요.

조용히, 억양 없이, 영혼 없이 낭독하면 공식으로만 남게 돼 매우 위험함.

1 Call me so that I can wake up early.
2 Move your car so that I can pass.
3 Study hard so that you can pass the test.
4 Use my computer so that you can do your homework.
5 Wake up early so that you don't waste your time.
6 I am saving money so that I can go to Europe.
7 I am controlling myself so that I can lose weight.
8 I am studying English so that I can study in Canada.
9 She is studying Japanese so that she can live in Japan.
10 He is running so that he doesn't miss the bus.
11 I visited her so that I could help her.
12 I went to the library so that I could study.
13 He sold his car so that he could buy a house.
14 She turned off the alarm so that she could sleep.
15 They hired me so that I could make money.
16 Did you call her so that she could wake up?
17 Did you teach him so that he could speak English?
18 Are you helping her so that she can walk?
19 Are you eating tofu so that you can lose weight?
20 Is she practicing so that she can drive?

STEP 3

입영작 마스터 훈련

조금 더 자연스러운 우리말 문장을 보고 실감나게 입영작하세요.

'걔'는 he가 될 수도 she가 될 수도 있으며 여러분의 선택입니다.

		1차	2차	3차
1	내가 일찍 일어날 수 있게 나한테 전화해.			
2	내가 지나갈 수 있게 네 차 좀 옮겨.			
3	네가 그 시험 패스할 수 있게 열심히 공부해.			
4	네가 네 숙제 할 수 있게 내 컴퓨터 써.			
5	너 네 시간을 낭비하지 않게 일찍 일어나.			
6	난 유럽에 갈 수 있게 돈을 모으고 있어.			
7	난 살 뺄 수 있게 내 자신을 컨트롤하고 있어.			
8	난 캐나다에서 공부할 수 있게 영어 공부하고 있어.			
9	걔는 일본에서 살 수 있게 일본어 공부하고 있어.			
10	걔는 그 버스 안 놓치려고 뛰고 있어.			
11	난 걔를 도와줄 수 있게 걔를 방문했어.			
12	난 공부할 수 있게 그 도서관에 갔어.			
13	걔는 집을 살 수 있게 자기 차를 팔았어.			
14	걔는 잘 수 있게 그 알람을 껐어.			
15	걔네는 내가 돈 벌 수 있게 날 고용해 줬어.			
16	너 걔가 일어날 수 있게 걔한테 전화해 줬어?			
17	너 걔가 영어 말할 수 있게 걔를 가르쳤어?			
18	너 걔가 걸을 수 있게 걔를 도와주고 있어?			
19	너 살 뺄 수 있게 두부 먹고 있어?			
20	걔는 운전할 수 있게 연습하고 있니?			

심하게 버벅거림 : 1점
버벅거림은 줄었으나 책 읽듯 어색함 : 3점
연기하듯 자연스러움 : 5점

TOTAL 1차 2차 3차

40점 이하 — 연기낭독훈련 부터 다시
41~79점 — 입영작 마스터 훈련 재도전
80점 이상 — 노란띠 7단 완성

노란띠 7단 91

파란띠

혹시 단어나 덩어리 표현은 어떻게
외우시나요?
공책에 100번 쓰기? 보고만 있어도 머리에
연상된다는 기적의 프로그램?

프롤로그에서 이미 언급한 적이 있습니다.
뭐든지 문장화 시키지 않으면 안 된다고.
우리가 그것이 부족해서 단어 수준을
벗어나질 못한다고.
단어 암기도 예외 없습니다.
오늘부터는 단어 하나를 외우더라도 반드시
문장을 만드세요.
(IMPORTANT: 반드시 공감할 수 있는 문장이어야 함.)

이렇게 암기하는 습관을 들이면
어순대로 단어를 배치하는 능력마저 덤으로
향상됩니다.
"nostrils (콧구멍)"이란 단어를 익힌다고
쳐 보겠습니다.

방법을 모르는 친구:
"nostrils"를 아무 생각 없이 공책에 100번 쓰고 있음.
nostrils 콧구멍 nostrils 콧구멍 nostrils 콧구멍
Nostrils 콧구멍 nostrils 콧구멍 nostrils 콧구멍
nostrils 콧구멍 nostrils 콧구멍 nostrils 콧구멍
Nostrils 콧구멍 nostrils 콧구멍 nostrils 콧구멍
nostrils 콧구멍 nostrils 콧구멍 nostrils 콧구멍

결과:
연결 고리 역할을 해 주는 문장이 없기 때문에 시간이
지날수록 단어를 억지로 연상해야 하며 머지않아 뇌와
"nostrils" 단어는 슬픈 이별을 맞이하게 됨.

VS

여러분:
"nostrils"가 들어간 공감 문장을 여러 개 만들어 보고
있음.
"You have big nostrils. 너 콧구멍 엄청 크다."
"I think I can even live in your nostrils. 네 콧구
멍 안에서 살 수도 있겠어."

결과:
"nostrils"란 단어를 암기하는 것보다, 문장을 완성
시키는 게 뇌의 1차적 임무이기 때문에 "nostrils"란
단어는 큰 노력 없이 부수적으로 암기되며, 잊게 되더
라도 나중에 단어를 다시 마주쳤을 때 쉽게 암기됨.

단어 자체로만 암기하면 당장은 외워져도
결국 써 먹질 못합니다.
부디 같은 실수 반복 안 하시길 바랍니다.
우리 이미 많이 겪어 봤잖아요.
아, 그나저나 여러분은 입영작을 문장으로
마스터하고 있지요 아마?

— 마스터유진

파란띠 1단

YOU LOOK SO UGLY WHEN YOU SMILE.

넌 웃을 때 참 못생겼어.

사용빈도 ★★★★★
난이도 ★★★☆

마유: 왜 이리 쳐다봐?
영석: 넌 웃을 때 참 못생겼어.
마유: 넌 항상 못생겼어.

상황 영석이는 마유가 다른 때도 아니고 '웃을 때' 참 못생겼다고 강조하고 있습니다.

무기
[when] ~할 때 / ~하면

1 [when]은 기본 문장에 '때 (시기)'를 추가하는 무기입니다.
[when] 뒤에는 [평서문]이 따라옵니다.

예) 난 그녀가 웃을 때 행복해.
(I'm happy when she smiles.)

우리가 키스하고 있을 때 그가 왔어.
(He came when we were kissing.)

거기 도착하면 나한테 전화해.
(Call me when you get there.)

2 [when 평서문]의 의미가 미래여도 현재 시제로 씁니다.

예) 나한테 전화해 + 네가 도착하면.
(Call me + when you will arrive. (x) ➔ when you arrive. (o))

무기 사용법: [기본 문장] + [when 평서문]

현재
1. 넌 미소 지을 때 사랑스러워.
2. [넌 사랑스러워] + [네가 미소 지을 때].
   [You are lovely] + [when you smile].
3. You are lovely when you smile.

과거진행
1. 네가 나한테 전화했을 때 난 영화를 보고 있었어.
2. [난 영화를 보고 있었어] + [네가 나한테 전화했을 때].
   [I was watching a movie] + [when you called me].
3. I was watching a movie when you called me.

과거진행
1. 네가 치킨을 먹고 있을 때 그녀는 운동을 하고 있었어.
2. [그녀는 운동을 하고 있었어] + [네가 치킨을 먹고 있을 때].
   [She was exercising] + [when you were eating chicken].
3. She was exercising when you were eating chicken.

무기 UPGRADE
a. [기본 문장]으로 [질문형 문장]도 사용 가능.
예) Can you call me when you arrive? (도착하면 나한테 전화해 줄 수 있어?)
b. [when 평서문]은 [기본 문장] 앞에 놓일 수도 있는데, 이런 경우엔 뒤에 comma를 찍을 것.
예) When you yawn, I yawn, too. (네가 하품할 때 나도 하품해.)

예문 폭탄

1. **We screamed / when we heard the good news.**
   (우린 소리질렀어 / 우리가 그 좋은 소식을 들었을 때.)

2. **I punched William / when he tried to kiss me.**
   (난 William을 주먹으로 때렸어 / 그가 내게 키스하려고 했을 때.)

3. **Use my car / when you pick up Ricky.**
   (내 차를 써 / 네가 Ricky를 픽업할 때.)

4. **Drink coffee / when you work.**
   (커피를 마셔 / 네가 일할 때.)

5. **I was working / when you were partying.**
   (난 일하고 있었어 / 네가 파티하고 있을 때.)

6. **I will call you / when he comes back.**
   (너에게 내가 전화할게 / 그가 돌아올 때.)

7. **Let's leave / when James calls.**
   (우리 떠나자 / James가 전화할 때.)

8. **Were you confused / when she called you?**
   (넌 헷갈렸었니 / 그녀가 네게 전화했을 때?)

9. **Were you embarrassed / when you fell?**
   (넌 민망했었니 / 네가 넘어졌을 때?)

10. **Can you help me / when I need you?**
    (넌 날 도와줄 수 있니 / 내가 널 필요로 할 때?)

STEP 1

손영작 입영작 어순 훈련

막히지 않을 때까지 손영작＋입영작 무한반복 하세요.

1 난 행복해 / 네가 미소 지을 때.

_____ / _____

2 난 행복하지 않아 / 네가 거짓말할 때.

_____ / _____

3 난 겁먹었어 / 내가 그 좀비를 봤을 때.   ▶ 겁먹은 scared ▶ 좀비 zombie

_____ / _____

4 그는 흥분했어 / 그가 그 뉴스를 들었을 때.

_____ / _____

5 내 친구는 슬펐어 / 내가 그를 떠났을 때.

_____ / _____

6 난 웃었어 / 그가 춤췄을 때.

_____ / _____

7 그녀는 울었어 / 그녀가 내 얼굴을 봤을 때.

_____ / _____

8 우린 키스했어 / 우리가 춤추고 있을 때.

_____ / _____

9 그녀는 자고 있었어 / 내가 왔을 때.

_____ / _____

10 난 공부하고 있었어 / 네가 내게 전화했을 때.

_____ / _____

> **WARNING** 성급히 넘어가면 결국 또다시 왕초보 영어에 머물 것을 보장함

11 난 운동하고 있었어 / 네가 피자를 먹고 있었을 때.

_____ / _____

12 그들은 게임을 하고 있었어 / 내가 일하고 있었을 때.

_____ / _____

13 그는 소리를 지르고 있었어 / 내가 그를 봤을 때. ▶ 소리지르다 scream

_____ / _____

14 넌 슬펐니 / 네가 그 시험을 낙제했을 때? ▶ 낙제하다 fail

_____ / _____

15 넌 행복했니 / 그가 너를 위해 노래했을 때?

_____ / _____

16 그녀는 혼란스러워 했니 / 네가 그녀를 안아 줬을 때? ▶ 혼란스러워 하는 confused

_____ / _____

17 그는 화가 났었니 / 내가 일찍 그 파티를 떠났을 때? ▶ 화가 난 mad

_____ / _____

18 넌 울었니 / 그가 널 보러 왔을 때?

_____ / _____

19 그들은 Pepsi를 마셨니 / 그들이 목말랐을 때?

_____ / _____

20 넌 뭘 했니 / 그들이 네 아이디어를 훔쳐 갔을 때? ▶ 훔치다 steal

_____ / _____

STEP 2

연기낭독 훈련

답을 맞춰 보며 상대방에게 이야기하듯 실감나게 낭독한 후 낭독 횟수를 체크하세요.

조용히, 억양 없이, 영혼 없이 낭독하면 공식으로만 남게 돼 매우 위험함.

		4회	8회	12회
1	I am happy when you smile.	✓	□□	□□
2	I am not happy when you lie.	□□	□□	□□
3	I was scared when I saw the zombie.	□□	□□	□□
4	He was excited when he heard the news.	□□	□□	□□
5	My friend was sad when I left him.	□□	□□	□□
6	I laughed when he danced.	□□	□□	□□
7	She cried when she saw my face.	□□	□□	□□
8	We kissed when we were dancing.	□□	□□	□□
9	She was sleeping when I came.	□□	□□	□□
10	I was studying when you called me.	□□	□□	□□
11	I was exercising when you were eating pizza.	□□	□□	□□
12	They were playing a game when I was working.	□□	□□	□□
13	He was screaming when I saw him.	□□	□□	□□
14	Were you sad when you failed the test?	□□	□□	□□
15	Were you happy when he sang for you?	□□	□□	□□
16	Was she confused when you hugged her?	□□	□□	□□
17	Was he mad when I left the party early?	□□	□□	□□
18	Did you cry when he came to see you?	□□	□□	□□
19	Did they drink Pepsi when they were thirsty?	□□	□□	□□
20	What did you do when they stole your idea?	□□	□□	□□

STEP 3

입영작 마스터 훈련

조금 더 자연스러운 우리말 문장을 보고 실감나게 입영작하세요.

'걔'는 he가 될 수도 she가 될 수도 있으며 여러분의 선택입니다.

		1차	2차	3차
1	난 네가 미소 지을 때 행복해.			
2	난 네가 거짓말할 때 안 행복해.			
3	난 그 좀비를 봤을 때 겁먹었어.			
4	걔는 그 뉴스를 들었을 때 흥분했었어.			
5	내 친구는 내가 걔를 떠났을 때 슬퍼했어.			
6	난 걔가 춤췄을 때 웃었어.			
7	걔는 내 얼굴을 봤을 때 울었어.			
8	우린 춤추고 있을 때 키스했어.			
9	걔는 내가 왔을 때 자고 있었어.			
10	네가 나한테 전화했을 때 난 공부하고 있었어.			
11	난 네가 피자 먹고 있었을 때 운동하고 있었어.			
12	걔네는 내가 일하고 있었을 때 게임하고 있었어.			
13	내가 걔를 봤을 때 걔는 소리지르고 있었어.			
14	넌 그 시험 낙제했을 때 슬펐어?			
15	걔가 널 위해 노래했을 때 넌 행복했어?			
16	네가 걔를 안았을 때 걔가 혼란스러워 했니?			
17	내가 그 파티를 일찍 떠났을 때 걔는 화났었니?			
18	걔가 널 보러 왔을 때 넌 울었어?			
19	걔네는 목말랐을 때 Pepsi를 마셨어?			
20	걔네가 네 아이디어 훔쳐 갔을 때 넌 뭘 했어?			

심하게 버벅거림 : 1점
버벅거림은 줄었으나 책 읽듯 어색함 : 3점
연기하듯 자연스러움 : 5점

TOTAL   1차   2차   3차

40점 이하 — 연기낭독훈련 부터 다시
41~79점 — 입영작 마스터 훈련 재도전
80점 이상 — 파란띠 1단 완성

파란띠 1단

파란띠 2단

I GET NERVOUS WHENEVER I SEE A NATIVE ENGLISH SPEAKER.

난 원어민을 볼 때마다 긴장돼.

사용빈도 ★★★★
난이도 ★★☆

지희: 난 원어민을 볼 때마다 긴장돼.
　　　내 말을 못 알아들을까 봐.
마유: 그들의 언어로 대화함으로써 오히려 네가 그들을 배려해 주는 거야.
　　　그들이 고마워해야 하는 건데 왜 겁먹어? 절대 그러지 마.

상황 지희는 원어민을 볼 때 '가끔' 긴장되는 게 아니라,
볼 때마다 '**매번**' 긴장된다고 주눅들어 있습니다.

무기
[whenever]　~할 때마다

1 [whenever]는 기본 문장에 '뭔가 벌어질 때마다' 란 느낌을 표현하는 무기입니다.
[whenever] 뒤에는 [평서문]이 따라옵니다.

예) 난 그녀를 볼 때마다 긴장돼.
　　(I get nervous whenever I see her.)

　　우리가 키스하려고 할 때마다 그가 찾아왔어.
　　(He came whenever we tried to kiss.)

　　내가 그녀에게 전화할 때마다 그녀는 바빠.
　　(She is busy whenever I call her.)

2 [whenever 평서문]의 의미가 미래여도 현재 시제로 씁니다.

예) 난 널 도와줄 거야 + 네가 나한테 전화할 때마다.
　　(I will help you + whenever you will call me. (X) ➡ whenever you call me. (O))

무기 사용법: [기본 문장] + [whenever 평서문]

현재
1. 난 외국인을 볼 때마다 긴장돼.
2. [난 긴장돼] + [내가 외국인을 볼 때마다].
   [I get nervous] + [whenever I see a foreigner].
3. I get nervous whenever I see a foreigner.

과거
1. 그가 날 자기라고 부를 때마다 난 행복했어.
2. [난 행복했어] + [그가 날 자기라고 불렀을 때마다].
   [I was happy] + [whenever he called me "honey"].
3. I was happy whenever he called me "honey".

미래 (의지)
1. 네가 내 도움이 필요할 때마다 내가 거기에 있을게.
2. [내가 거기에 있을게] + [네가 내 도움이 필요할 때마다].
   [I will be there] + [whenever you need my help].
3. I will be there whenever you need my help.

무기 UPGRADE

a. [whenever] 자리에 '매번'이란 느낌을 조금 더 강조한 [every time]도 사용 가능.
예) I feel sad every time I think of you. (난 널 생각할 때마다 슬퍼.)

b. [whenever 평서문]은 [기본 문장] 앞에 놓일 수도 있는데, 이런 경우엔 comma를 찍을 것.
예) Whenever I see him, I cry. (그를 볼 때마다 난 울어.)

예문 폭탄

1. **Practice these patterns / whenever you have time.**
   (이 패턴들을 연습해 / 네가 시간이 있을 때마다.)

2. **Call me / whenever you feel lonely.**
   (나한테 전화해 / 네가 외로울 때마다.)

3. **Ask me / whenever you have a question.**
   (나한테 물어봐 / 네가 질문이 있을 때마다.)

4. **He smiles / whenever I look at him.**
   (그는 미소를 지어 / 내가 그를 볼 때마다.)

5. **They dance / whenever they hear this song.**
   (그들은 춤을 춰 / 그들이 이 노래를 들을 때마다.)

6. **The roof leaks / whenever it rains.**
   (그 지붕은 새 / 비가 올 때마다.)

7. **Ricky was there / whenever I needed help.**
   (Ricky가 거기에 있었어 / 내가 도움이 필요했을 때마다.)

8. **She hugged me / whenever I visited her.**
   (그녀는 날 안아 줬어 / 내가 그녀를 방문할 때마다.)

9. **We gave him a reward / whenever he got an A.**
   (우린 그에게 보상을 줬어 / 그가 A를 받을 때마다.)

10. **You can call me / whenever there is a problem.**
    (넌 나한테 전화해도 돼 / 문제가 있을 때마다.)

STEP 1

손영작 입영작 어순 훈련

막히지 않을 때까지 손영작 + 입영작 무한반복 하세요.

1 난 행복해 / 네가 미소 지을 때마다.
   _____ / _____

2 그녀는 내게 전화해 / 그녀가 외로울 때마다.
   _____ / _____

3 그는 영어를 공부해 / 그가 시간이 있을 때마다.   ▶ 시간이 있다 have time
   _____ / _____

4 난 내 차를 씻어 / 내가 시간이 있을 때마다.
   _____ / _____

5 내게 전화해 / 네가 친구가 필요할 때마다.
   _____ / _____

6 난 거기에 있을게 / 네가 날 필요로 할 때마다.
   _____ / _____

7 난 그녀를 도와줬어 / 그녀가 도움을 필요로 했을 때마다.
   _____ / _____

8 난 춤췄어 / 내가 그 노래를 들었을 때마다.
   _____ / _____

9 그녀는 맥주를 마셨어 / 그녀가 외로웠을 때마다.
   _____ / _____

10 넌 날 웃게 만들었어 / 내가 슬펐을 때마다.
   _____ / _____

경고 WARNING 성급히 넘어가면 결국 또다시 왕초보 영어에 머물 것을 보장함

11 난 긴장돼 / 내가 여자애한테 말 걸 때마다.　　　　　　　　　　　▶ ~에게 말 걸다 **talk to**

_____ / _____

12 난 우울해 / 비가 올 때마다.　　　　　　　　　　　　　　　　　　▶ 우울한 **depressed**

_____ / _____

13 그녀는 내게 거짓말해 / 그녀가 그녀의 친구들과 마실 때마다.

_____ / _____

14 넌 내게 전화해도 돼 / 네가 원할 때마다.

_____ / _____

15 그는 내 차를 사용해도 돼 / 그가 자동차를 필요로 할 때마다.

_____ / _____

16 난 어떤 것이든 살 수 있어 / 내가 원할 때마다.

_____ / _____

17 넌 우니 / 네가 이 노래를 들을 때마다?

_____ / _____

18 넌 코를 고니 / 네가 잘 때마다?　　　　　　　　　　　　　　　　　▶ 코를 골다 **snore**

_____ / _____

19 넌 그녀를 방문했니 / 그녀가 아팠을 때마다?

_____ / _____

20 넌 소리질렀니 / 그 배우가 미소 지을 때마다?　　　▶ 소리지르다 **scream**　▶ 배우 **actor**

_____ / _____

STEP 2

연기낭독 훈련

답을 맞춰 보며 상대방에게 이야기하듯 실감나게 낭독한 후 낭독 횟수를 체크하세요.

조용히, 억양 없이, 영혼 없이 낭독하면 공식으로만 남게 돼 매우 위험함.

	4회	8회	12회
1 I am happy whenever you smile.	✓		
2 She calls me whenever she is lonely.			
3 He studies English whenever he has time.			
4 I wash my car whenever I have time.			
5 Call me whenever you need a friend.			
6 I will be there whenever you need me.			
7 I helped her whenever she needed help.			
8 I danced whenever I heard the song.			
9 She drank beer whenever she was lonely.			
10 You made me laugh whenever I was sad.			
11 I am nervous whenever I talk to a girl.			
12 I am depressed whenever it rains.			
13 She lies to me whenever she drinks with her friends.			
14 You can call me whenever you want.			
15 He can use my car whenever he needs a car.			
16 I can buy anything whenever I want.			
17 Do you cry whenever you hear this song?			
18 Do you snore whenever you sleep?			
19 Did you visit her whenever she was sick?			
20 Did you scream whenever the actor smiled?			

STEP 3

입영작 마스터 훈련

조금 더 자연스러운 우리말 문장을 보고 실감나게 입영작하세요.

'걔'는 he가 될 수도 she가 될 수도 있으며 여러분의 선택입니다.

		1차	2차	3차
1	난 네가 미소 지을 때마다 행복해.			
2	걔는 자기가 외로울 때마다 나한테 전화해.			
3	걔는 시간 있을 때마다 영어 공부해.			
4	난 시간 있을 때마다 내 차를 세차해.			
5	네가 친구가 필요할 때마다 나한테 전화해.			
6	난 네가 날 필요로 할 때마다 거기 있을게.			
7	난 걔가 도움을 필요로 했을 때마다 걔를 도와줬어.			
8	난 그 노래를 들을 때마다 춤췄어.			
9	걔는 외로울 때마다 맥주를 마셨어.			
10	넌 내가 슬플 때마다 날 웃게 만들었어.			
11	난 여자애한테 말 걸 때마다 긴장돼.			
12	난 비가 올 때마다 우울해.			
13	걔는 자기 친구들이랑 마실 때마다 나한테 거짓말해.			
14	네가 원할 때마다 너 나한테 전화해도 돼.			
15	걔는 자동차 필요할 때마다 내 차를 써도 돼.			
16	난 내가 원할 때마다 뭐든 살 수 있어.			
17	넌 이 노래를 들을 때마다 울어?			
18	넌 잘 때마다 코를 고니?			
19	넌 걔가 아플 때마다 걔를 방문했어?			
20	넌 그 배우가 미소 지을 때마다 소리질렀어?			

심하게 버벅거림 : 1점
버벅거림은 줄었으나 책 읽듯 어색함 : 3점
연기하듯 자연스러움 : 5점

TOTAL 1차 [ ] 2차 [ ] 3차 [ ]

40점 이하 — 연기낭독 훈련 부터 다시
41~79점 — 입영작 마스터 훈련 재도전
80점 이상 — 파란띠 2단 완성

파란띠 3단

LOOK AT YOURSELF IN THE MIRROR BEFORE YOU SAY THAT.

그런 말 하기 전에 거울 속 네 자신을 봐.

사용빈도 ★★★★★
난이도 ★★★☆

마유: 너 참 못생겼구나.
경준: 그런 말 하기 전에 거울 속 네 자신을 봐.

상황 거울을 보는 게 그런 말 하는 것보다 순서적으로 '먼저'라고 표현하고 있습니다.

무기
[before] ~하기 전에 / ~ 전에

1 [before]는 [기본 문장]이 [추가 문장]보다 '먼저' 벌어질 때 사용하는 무기입니다. [before] 뒤에는 [평서문]이 따라옵니다.

예) 난 이를 열 번 닦았어 (기본 문장) + 그녀에게 키스하기 전에 (추가 문장).
(I brushed my teeth 10 times + before I kissed her.)

날 안아 줄 수 있니 (기본 문장) + 네가 떠나기 전에 (추가 문장)?
(Can you hug me + before you leave?)

2 [평서문] 대신 [날짜/시간]이 올 수도 있습니다.

예) I have to leave before 7. (나 7시 전에 떠나야만 해.)

무기 사용법
[기본 문장] + [before 평서문]

명령
1. 이 치킨을 먹기 전에 네 손을 씻어.
2. [네 손들을 씻어] + [네가 이 치킨을 먹기 전에].
   [Wash your hands] + [before you eat this chicken].
3. Wash your hands before you eat this chicken.

현재
1. 난 먹기 전에 기도해.
2. [난 기도해] + [내가 먹기 전에].
   [I pray] + [before I eat].
3. I pray before I eat.

과거
1. 그녀를 방문하기 전에 난 꽃을 샀어.
2. [난 꽃들을 샀어] + [내가 그녀를 방문하기 전에].
   [I bought flowers] + [before I visited her].
3. I bought flowers before I visited her.

무기 UPGRADE
a. [기본 문장]으로 [질문형 문장]도 사용 가능.
예) <u>Did you study</u> before you took this test? (넌 이 시험 보기 전에 <u>공부했니</u>?)
b. [before 평서문]은 [기본 문장] 앞에 놓일 수도 있는데, 이런 경우엔 comma를 찍을 것.
예) <u>Before you go</u>, let me know the answer. (너 가기 전에 나한테 그 답 알려줘.)

예문 폭탄

1. **Ask her parents / before you marry her.**
   (그녀의 부모님께 여쭤봐 / 네가 그녀와 결혼하기 전에.)

2. **Get a driver's license / before you buy a car.**
   (운전 면허를 따 / 네가 차를 사기 전에.)

3. **I always eat something / before I go to bed.**
   (나는 항상 뭔가를 먹어 / 내가 잠자리에 들기 전에.)

4. **I don't eat / before I finish praying.**
   (난 먹지 않아 / 내가 기도하는 걸 마치기 전에.)

5. **I took a shower / before I left home.**
   (난 샤워를 했어 / 내가 집을 나서기 전에.)

6. **She took a selfie / before she left the restroom.**
   (그녀는 셀카를 찍었어 / 그녀가 그 화장실을 떠나기 전에.)

7. **Don't give up / before you try.**
   (포기하지 마 / 네가 시도하기 전에.)

8. **Do you swim / before you go to work?**
   (넌 수영을 하니 / 네가 출근하기 전에?)

9. **Did you call Jenna / before you visited her?**
   (넌 Jenna에게 전화했니 / 네가 그녀를 방문하기 전에?)

10. **Can you turn off the lights / before you leave the office?**
    (넌 불들을 꺼 줄 수 있니 / 네가 그 사무실을 떠나기 전에?)

STEP 1

손영작 입영작 어순 훈련

막히지 않을 때까지 손영작＋입영작 무한반복 하세요.

1 내게 전화해 / 네가 날 방문하기 전에.

_____ / _____

2 안녕이라 말해 줘 / 네가 떠나기 전에. ▶ 안녕이라 말하다 **say goodbye**

_____ / _____

3 스트레칭을 해 / 네가 운동하기 전에. ▶ 스트레칭하다 **stretch**

_____ / _____

4 네 이를 닦아 / 네가 내게 키스하기 전에. ▶ 이를 닦다 **brush one's teeth**

_____ / _____

5 네 손들을 씻어 / 네가 이걸 먹기 전에.

_____ / _____

6 난 내 얼굴을 씻어 / 내가 메이크업을 하기 전에. ▶ 메이크업을 하다 **put on makeup**

_____ / _____

7 그녀는 운동해 / 그녀가 직장에 가기 전에.

_____ / _____

8 난 내 손들을 씻었어 / 내가 내 아기를 만지기 전에.

_____ / _____

9 난 공부했어 / 내가 그 시험을 치기 전에.

_____ / _____

10 그녀는 그녀의 메이크업을 고쳤어 / 그녀가 나가기 전에. ▶ 고치다 **fix**   ▶ 나가다 **go out**

_____ / _____

11 난 샤워를 했어 / 내가 잠자리에 들기 전에.　　　▶ 샤워하다 take a shower　▶ 잡자리에 들다 go to bed

_____ / _____

12 그들은 그 책을 샀어 / 그들이 떠나기 전에.

_____ / _____

13 자지 마 / 네가 네 숙제를 끝마치기 전에.

_____ / _____

14 내 컴퓨터를 사용하지 마 / 네가 내게 물어보기 전에.

_____ / _____

15 소주를 마시지 마 / 네가 뭔가를 먹기 전에.

_____ / _____

16 넌 내 머리를 감니 / 네가 직장에 가기 전에?　　　▶ 머리를 감다 wash one's hair

_____ / _____

17 그녀는 물을 마시니 / 그녀가 운동하기 전에?

_____ / _____

18 넌 네 숙제를 끝마쳤니 / 네가 나가기 전에?

_____ / _____

19 그녀는 너를 봤니 / 그녀가 한국을 떠나기 전에?

_____ / _____

20 넌 네 전화기를 충전시켰니 / 네가 그걸 사용하기 전에?　　　▶ 충전시키다 charge

_____ / _____

STEP 2

연기낭독 훈련

답을 맞춰 보며 상대방에게 이야기하듯 실감나게 낭독한 후 낭독 횟수를 체크하세요.

조용히, 억양 없이, 영혼 없이 낭독하면 공식으로만 남게 돼 매우 위험함.

		4회	8회	12회
1	Call me before you visit me.	✓		
2	Say goodbye before you leave.			
3	Stretch before you exercise.			
4	Brush your teeth before you kiss me.			
5	Wash your hands before you eat this.			
6	I wash my face before I put on makeup.			
7	She exercises before she goes to work.			
8	I washed my hands before I touched my baby.			
9	I studied before I took the test.			
10	She fixed her makeup before she went out.			
11	I took a shower before I went to bed.			
12	They bought the book before they left.			
13	Don't sleep before you finish your homework.			
14	Don't use my computer before you ask me.			
15	Don't drink soju before you eat something.			
16	Do you wash your hair before you go to work?			
17	Does she drink water before she exercises?			
18	Did you finish your homework before you went out?			
19	Did she see you before she left Korea?			
20	Did you charge your phone before you used it?			

STEP 3

입영작 마스터 훈련

조금 더 자연스러운 우리말 문장을 보고 실감나게 입영작하세요.

'걔'는 he가 될 수도 she가 될 수도 있으며 여러분의 선택입니다.

		1차	2차	3차
1	너 나 방문하기 전에 나한테 전화해.			
2	너 떠나기 전에 안녕이라고 말해 줘.			
3	너 운동하기 전에 스트레칭해.			
4	너 나한테 키스하기 전에 양치해.			
5	너 이거 먹기 전에 손 씻어.			
6	난 메이크업 하기 전에 세수해.			
7	걔는 출근하기 전에 운동해.			
8	난 우리 아기 만지기 전에 손을 씻었어.			
9	난 그 시험을 치기 전에 공부했어.			
10	걔는 나가기 전에 자기 메이크업을 고쳤어.			
11	난 잠자리에 들기 전에 샤워했어.			
12	걔네는 떠나기 전에 그 책을 샀어.			
13	너 네 숙제 끝마치기 전에는 자지 마.			
14	너 나한테 물어보기 전에는 내 컴퓨터 쓰지 마.			
15	너 뭐 먹기 전에는 소주 마시지 마.			
16	넌 출근하기 전에 머리 감아?			
17	걔는 운동하기 전에 물 마셔?			
18	넌 나가기 전에 네 숙제 끝냈어?			
19	걔는 한국 떠나기 전에 널 봤니?			
20	너 그거 쓰기 전에 네 전화기 충전시켰어?			

심하게 버벅거림 : 1점
버벅거림은 줄었으나 책 읽듯 어색함 : 3점
연기하듯 자연스러움 : 5점

TOTAL 1차 2차 3차

40점 이하 → 연기낭독 훈련 부터 다시
41~79점 → 입영작 마스터 훈련 재도전
80점 이상 → 파란띠 3단 완성

I FELL IN LOVE WITH YOU AS SOON AS I SAW YOU.

파란띠 4단

널 보자마자 사랑에 빠졌지!

사용빈도 ★★★
난이도 ★★☆

유리: 자기는 언제부터 날 좋아했어?
마유: 강남 CGV. 거기서 널 보자마자 사랑에 빠졌지.
유리: 뭐냐? 나 강남역도 못 가 봤는데.

상황 마유는 그녀를 처음 '보자마자' 거의 동시에 사랑에 빠졌다고 표현하고 있습니다.

무기
[as soon as] ~하자마자

1 [as soon as]는 두 사건이 '거의 동시에' 벌어졌음을 표현하는 무기입니다.
[as soon as] 뒤에는 [평서문]이 따라옵니다.

예) 그는 내가 울기 시작하자마자 날 안아 줬어.
(He hugged me as soon as I started crying.)

넌 그와 헤어지자마자 네 결정을 후회할 거야.
(You will regret your decision as soon as you break up with him.)

2 [as soon as 평서문]의 의미가 미래여도 현재시제로 씁니다.

예) 우린 떠나야만 해 + 네가 도착하자마자.
(We have to leave + as soon as you will arrive. (X) ➜ as soon as you arrive. (O))

무기 사용법 — [기본 문장] + [as soon as 평서문]

명령
1. 그를 보자마자 도망가.
2. [도망가] + [네가 그를 보자마자].
   [Run away] + [as soon as you see him].
3. Run away as soon as you see him.

과거
1. 난 그 귀신을 보자마자 기절했어.
2. [난 기절했어] + [내가 그 귀신을 보자마자].
   [I passed out] + [as soon as I saw the ghost].
3. I passed out as soon as I saw the ghost.

제안
1. 그가 돌아오자마자 이 영화를 보자.
2. [이 영화를 보자] + [그가 돌아오자마자].
   [Let's watch this movie] + [as soon as he comes back].
3. Let's watch this movie as soon as he comes back.

무기 UPGRADE
a. [기본 문장]으로 [질문형 문장]도 사용 가능.
예) Did you help the victim as soon as you saw him? (넌 그 희생자를 보자마자 그를 도왔니?)
b. [as soon as 평서문]은 [기본 문장] 앞에 놓일 수도 있는데, 이런 경우엔 comma를 찍을 것.
예) As soon as you arrive, call us. (너 도착하자마자 우리한테 전화해.)

예문 폭탄

1. Call me / as soon as Ashley leaves.
   (나한테 전화해 / Ashley가 떠나자마자.)
2. Wash your hair / as soon as you come home.
   (머리를 감아 / 네가 집에 오자마자.)
3. Drink water / as soon as you wake up.
   (물을 마셔 / 네가 일어나자마자.)
4. I started crying / as soon as my girlfriend left.
   (난 울기 시작했어 / 내 여자친구가 떠나자마자.)
5. We went to Myeongdong / as soon as we arrived in Seoul.
   (우린 명동에 갔어 / 우리가 서울에 도착하자마자.)
6. He found a job / as soon as he came back from America.
   (그는 직업을 찾았어 / 그가 미국에서 돌아오자마자.)
7. I want to go to Disneyland / as soon as I arrive in California.
   (난 디즈니랜드에 가고 싶어 / 내가 캘리포니아에 도착하자마자.)
8. Can you call me / as soon as Mr. Thompson comes back?
   (넌 내게 전화해 줄 수 있니 / Mr. Thompson이 돌아오자마자?)
9. Did you hit him / as soon as he touched you?
   (넌 그를 때렸니 / 그가 널 건드리자마자?)
10. Did you watch this movie / as soon as it came out?
    (넌 이 영화를 봤니 / 그게 나오자마자?)

STEP 1 손영작 입영작 어순 훈련

막히지 않을 때까지 손영작+입영작 무한반복 하세요.

1 내게 전화해 / 그녀가 네게 전화하자마자.

_____ / _____

2 그 창문을 열어 / 네가 돌아오자마자.

_____ / _____

3 화장실에 가 / 네가 일어나자마자.　　　　　　　　　　　　　▶ 일어나다 **get up**

_____ / _____

4 도망가 / 그가 널 보자마자.

_____ / _____

5 소리질러 / 네가 그 테러리스트를 보자마자.　　　　　　　　　▶ 테러리스트 **terrorist**

_____ / _____

6 난 내 얼굴을 씻었어 / 내가 집에 오자마자.

_____ / _____

7 그녀는 직장에 갔어 / 그녀가 운동하는 걸 끝마치자마자.

_____ / _____

8 난 먹었어 / 내가 내 손들을 씻자마자.

_____ / _____

9 난 멈췄어 / 내가 그 곰을 보자마자.

_____ / _____

10 그녀는 나갔어 / 그녀가 그녀의 화장을 고치자마자.

_____ / _____

성급히 넘어가면 결국 또다시 왕초보 영어에 머물 것을 보장함

11 난 잠자리에 들었어 / 내가 샤워를 하자마자.
_____ / _____

12 그들은 그 책을 읽었어 / 그들이 그걸 사자마자.
_____ / _____

13 비가 왔어 / 내가 내 차를 씻자마자.
_____ / _____

14 그녀는 날 때렸어 / 내가 그녀를 안아 주자마자.
_____ / _____

15 내 개는 짖었어 / 내가 그 문을 열자마자. ▶ 짖다 bark
_____ / _____

16 넌 그 표현을 사용했니 / 네가 그를 보자마자? ▶ 표현 expression
_____ / _____

17 넌 일을 찾았니 / 네가 서울로 이사하자마자?
_____ / _____

18 넌 나갔니 / 네가 네 화장을 끝마치자마자?
_____ / _____

19 그녀는 토했니 / 그녀가 그것을 냄새 맡자마자? ▶ 토하다 throw up ▶ 냄새 맡다 smell
_____ / _____

20 그녀는 울었니 / 그녀가 그걸 보자마자?
_____ / _____

파란띠 4단 **115**

STEP 2

연기낭독 훈련

답을 맞춰 보며 상대방에게 이야기하듯 실감나게 낭독한 후 낭독 횟수를 체크하세요.

조용히, 억양 없이, 영혼 없이 낭독하면 공식으로만 남게 돼 매우 위험함.

	4회	8회	12회
1 Call me as soon as she calls you.	✓☐	☐☐	☐☐
2 Open the window as soon as you come back.	☐☐	☐☐	☐☐
3 Go to the bathroom as soon as you get up.	☐☐	☐☐	☐☐
4 Run away as soon as he sees you.	☐☐	☐☐	☐☐
5 Scream as soon as you see the terrorist.	☐☐	☐☐	☐☐
6 I washed my face as soon as I came home.	☐☐	☐☐	☐☐
7 She went to work as soon as she finished exercising.	☐☐	☐☐	☐☐
8 I ate as soon as I washed my hands.	☐☐	☐☐	☐☐
9 I stopped as soon as I saw the bear.	☐☐	☐☐	☐☐
10 She went out as soon as she fixed her makeup.	☐☐	☐☐	☐☐
11 I went to bed as soon as I took a shower.	☐☐	☐☐	☐☐
12 They read the book as soon as they bought it.	☐☐	☐☐	☐☐
13 It rained as soon as I washed my car.	☐☐	☐☐	☐☐
14 She hit me as soon as I hugged her.	☐☐	☐☐	☐☐
15 My dog barked as soon as I opened the door.	☐☐	☐☐	☐☐
16 Did you use the expression as soon as you saw him?	☐☐	☐☐	☐☐
17 Did you find a job as soon as you moved to Seoul?	☐☐	☐☐	☐☐
18 Did you go out as soon as you finished your makeup?	☐☐	☐☐	☐☐
19 Did she throw up as soon as she smelled it?	☐☐	☐☐	☐☐
20 Did she cry as soon as she saw it?	☐☐	☐☐	☐☐

STEP 3

입영작 마스터 훈련

조금 더 자연스러운 우리말 문장을 보고 실감나게 입영작하세요.

'걔'는 he가 될 수도 she가 될 수도 있으며 여러분의 선택입니다.

		1차	2차	3차
1	걔가 너한테 전화하자마자 나한테 전화해 줘.			
2	너 돌아오자마자 그 창문 열어.			
3	너 일어나자마자 화장실 가.			
4	걔가 널 보자마자 도망가.			
5	너 그 테러리스트 보자마자 소리질러.			
6	난 집에 오자마자 세수했어.			
7	걔는 운동하는 걸 끝마치자마자 출근했어.			
8	난 손들을 씻자마자 먹었어.			
9	난 그 곰을 보자마자 멈췄어.			
10	걔는 자기 화장을 고치자마자 나갔어.			
11	난 샤워하자마자 잠자리에 들었어.			
12	걔네는 그걸 사자마자 그 책을 읽었어.			
13	내가 내 차를 세차하자마자 비가 왔어.			
14	걔는 내가 걔를 안아 주자마자 날 때렸어.			
15	내가 그 문을 열자마자 내 개가 짖었어.			
16	너 걔 보자마자 그 표현 썼어?			
17	너 서울로 이사하자마자 일 찾았어?			
18	너 네 화장 끝내자마자 나갔어?			
19	걔는 그걸 냄새 맡자마자 토했어?			
20	걔는 그걸 보자마자 울었어?			

심하게 버벅거림 : 1점
버벅거림은 줄었으나 책 읽듯 어색함 : 3점
연기하듯 자연스러움 : 5점

TOTAL 1차 2차 3차

40점 이하 → 연기낭독 훈련 부터 다시
41~79점 → 입영작 마스터 훈련 재도전
80점 이상 → 파란띠 4단 완성

파란띠 5단

HE CHEATED ON ME WHILE I WAS IN AMERICA.

내가 미국에 있는 동안 그가 바람을 피웠어.

사용빈도 ★★★
난이도 ★★

마유: 무슨 일이야? 왜 울어?
수영: 그 자식이…
 내가 미국에 있는 동안 바람을 피웠어.
마유: 잘됐네. 네가 심하게 아까웠거든.

상황 수영이는 자신이 미국에 있는 동안 '같은 시기에' 그가 바람을 피웠다고 표현하고 있습니다.

무기
[while] ~하는 동안

---

1 [while]은 두 사건이 '같은 시기에' 벌어짐을 표현하는 무기입니다.
[while] 뒤에는 [평서문]이 따라옵니다.

예) 그는 그 엘리베이터 안에 있는 동안 방귀를 뀌었어.
  (He farted while he was in the elevator.)

  미국에서 공부하는 동안 영어 좀 배워 둬.
  (Learn some English while you study in America.)

  운전하고 있는 동안에는 화장하지 마.
  (Don't put on makeup while you're driving.)

| 무기 사용법 | **[기본 문장] + [while 평서문]** |

명령	1	내가 여기 있는 동안 나한테 뭐든지 물어봐.
	2	[나한테 뭐든지 물어봐] + [내가 여기 있는 동안].
		[Ask me anything] + [while I am here].
	3	Ask me anything while I am here.
과거	1	내가 일본에 있는 동안 내 친구가 결혼을 했어.
	2	[내 친구가 결혼을 했어] + [내가 일본에 있는 동안].
		[My friend got married] + [while I was in Japan].
	3	My friend got married while I was in Japan.
명령 (부정)	1	먹는 동안 물 마시지 마.
	2	[물 마시지 마] + [네가 먹는 동안].
		[Don't drink water] + [while you eat].
	3	Don't drink water while you eat.

| 무기 UPGRADE | [기본 문장]으로 [질문형 문장]도 사용 가능.
예) Can you pick up my jacket while you are there? (거기 간 김에 내 재킷 좀 픽업해 줄 수 있어?) |

예문 폭탄

1 Drink a lot of water / while you exercise.
(많은 물을 마셔 / 네가 운동하는 동안.)

2 Let's have a date / while I am in Paris.
(데이트를 하자 / 내가 파리에 있는 동안.)

3 Study hard / while you can.
(열심히 공부해 / 네가 할 수 있는 동안.)

4 I called my old friend / while I visited Singapore.
(난 내 오랜 친구에게 전화했어 / 내가 싱가포르를 방문하는 동안.)

5 We bought some clothes / while we were in Manhattan.
(우린 옷을 좀 샀어 / 우리가 맨해튼에 있는 동안.)

6 She took a rest / while I was working.
(그녀는 쉬었어 / 내가 일하고 있는 동안.)

7 I didn't see her / while I was in the club.
(난 그녀를 못 봤어 / 내가 그 클럽 안에 있는 동안.)

8 Don't go anywhere / while I am sleeping.
(어디에도 가지 마 / 내가 자고 있는 동안.)

9 Did you check my phone / while I was sleeping?
(넌 내 전화기를 확인했니 / 내가 자고 있는 동안?)

10 Can you pick up my suit / while you are there?
(넌 내 정장을 픽업해 줄 수 있니 / 네가 거기 있는 동안?)

STEP 1

손영작 입영작 어순 훈련

막히지 않을 때까지 손영작＋입영작 무한반복 하세요.

1 내 방을 써 / 네가 여기 있는 동안.
_____ / _____

2 날 방문해 / 네가 한국에 있는 동안.
_____ / _____

3 물을 마셔 / 네가 운동하는 동안.
_____ / _____

4 네 이를 닦아 / 네가 샤워를 하는 동안.
_____ / _____

5 네 메이크업을 제거해 / 네가 네 얼굴을 씻는 동안.   ▶ 제거하다 remove
_____ / _____

6 난 그녀에 대해 생각했어 / 내가 뉴욕에 있는 동안.
_____ / _____

7 그녀는 날 방문했어 / 내가 부산에 있는 동안.
_____ / _____

8 우린 함께 공부했어 / 우리가 그 커피숍 안에 있는 동안.
_____ / _____

9 그들은 춤췄어 / 그들이 먹고 있는 동안.
_____ / _____

10 우린 노래했어 / 우리가 마시고 있는 동안.
_____ / _____

WARNING 성급히 넘어가면 결국 또다시 왕초보 영어에 머물 것을 보장함

11 우린 키스했어 / 우리가 춤추고 있는 동안.

_____ / _____

12 그는 그의 컴퓨터를 사용하고 있었어 / 그가 먹고 있는 동안.

_____ / _____

13 그녀는 웃고 있었어 / 그녀가 마시고 있는 동안.

_____ / _____

14 네 전화기를 사용하지 마 / 네가 운전하는 동안.

_____ / _____

15 말하지 마 / 네가 먹는 동안. ▶ 말하다 talk

_____ / _____

16 난 디즈니랜드에 가고 싶어 / 내가 캘리포니아에 있는 동안.

_____ / _____

17 그녀는 운전할 수 있어 / 그녀가 화장을 하는 동안. ▶ 화장을 하다 put on makeup

_____ / _____

18 넌 그녀를 도와줬니 / 네가 중국에 있는 동안?

_____ / _____

19 넌 그녀와 결혼했니 / 네가 대학에 있는 동안? ▶ ~와 결혼하다 marry someone ▶ 대학 college

_____ / _____

20 넌 나랑 대화할 수 있니 / 네가 일하고 있는 동안? ▶ ~와 대화하다 talk to someone

_____ / _____

파란띠 5단

STEP 2

연기낭독 훈련

답을 맞춰 보며 상대방에게 이야기하듯 실감나게 낭독한 후 낭독 횟수를 체크하세요.

조용히, 억양 없이, 영혼 없이 낭독하면 공식으로만 남게 돼 매우 위험함.

		4회	8회	12회
1	Use my room while you're here.	✓		
2	Visit me while you're in Korea.			
3	Drink water while you exercise.			
4	Brush your teeth while you take a shower.			
5	Remove your makeup while you wash your face.			
6	I thought about her while I was in New York.			
7	She visited me while I was in Busan.			
8	We studied together while we were in the coffee shop.			
9	They danced while they were eating.			
10	We sang while we were drinking.			
11	We kissed while we were dancing.			
12	He was using his computer while he was eating.			
13	She was laughing while she was drinking.			
14	Don't use your phone while you drive.			
15	Don't talk while you eat.			
16	I want to go to Disneyland while I am in California.			
17	She can drive while she puts on makeup.			
18	Did you help her while you were in China?			
19	Did you marry her while you were in college?			
20	Can you talk to me while you are working?			

122　입영작 영어회화 : 영어로 진짜 길게 말하기

STEP 3

입영작 마스터 훈련

조금 더 자연스러운 우리말 문장을 보고 실감나게 입영작하세요.

'걔'는 he가 될 수도 she가 될 수도 있으며 여러분의 선택입니다.

		1차	2차	3차
1	너 여기 있는 동안 내 방을 써.			
2	너 한국에 있는 동안 날 방문해.			
3	너 운동하는 동안 물 마셔.			
4	너 샤워하는 동안에 이 닦아.			
5	너 세수하는 동안 네 메이크업 제거해.			
6	난 뉴욕에 있는 동안 걔에 대해 생각했어.			
7	걔는 내가 부산에 있는 동안 날 방문했어.			
8	우린 그 커피숍에 있는 동안 같이 공부했어.			
9	걔네는 먹는 동안 춤췄어.			
10	우리는 마시고 있는 동안 노래했어.			
11	우린 춤추고 있는 동안 키스했어.			
12	걔는 먹고 있는 동안 자기 컴퓨터를 쓰고 있었어.			
13	걔는 마시고 있는 동안 웃고 있었어.			
14	너 운전하는 동안에는 네 전화기 쓰지 마.			
15	너 먹는 동안에는 말하지 마.			
16	나 캘리포니아에 있는 동안 디즈니랜드에 가고 싶어.			
17	걔는 화장하는 동안 운전할 수 있어.			
18	너 중국에 있는 동안 걔를 도와줬어?			
19	너 대학에 있는 동안 (=대학 다니면서) 걔랑 결혼했어?			
20	너 일하고 있는 동안 나랑 대화할 수 있어?			

심하게 버벅거림 : 1점
버벅거림은 줄었으나 책 읽듯 어색함 : 3점
연기하듯 자연스러움 : 5점

TOTAL 1차 2차 3차

40점 이하 — 연기낭독 훈련 부터 다시
41~79점 — 입영작 마스터 훈련 재도전
80점 이상 — 파란띠 5단 완성

파란띠 5단 **123**

파란띠 6단

I'LL WAIT HERE UNTIL YOU COME BACK.

네가 돌아올 때까지 여기서 기다릴게.

 효리: 이러지 마. 난 못 돌아와.
마유: **네가 돌아올 때까지 여기서 기다릴게.**

상황 마유는 효리가 '**돌아올 때까지**' 기다리겠단고 표현하고 있습니다.
중요한 건 '한번만', '1초만' 기다리는 게 아니라 '**계속**' 기다린다는 것입니다.

무기

[until] ~할 때까지 (계속) / ~까지 (계속)

1 [until]을 단순히 '~까지' 라고 해석하면, 다음에 등장할 새로운 무기 [by] 때문에 엄청난 혼란이 오게 됩니다. [until]은 반드시 '~까지 (계속)'으로 익혀야 합니다.

예) 내 친구가 돌아올 때까지 난 30분 동안 기다렸어.
(I waited for 30 minutes until my friend came back.)
→ 친구가 돌아온 시간까지 30분 동안 '계속' 기다렸단 말이지, 30분 중에 1분만 기다리고 29분은 사라졌단 말이 아닙니다.

난 5시까지 여기에 머물 거야.
(I am going to stay here until 5.)
→ 5시까지 '계속' 머물러 있겠단 말이지 1분만 머무르고 나머지 시간은 사라져 있을 것이란 말이 아닙니다.

2 [until] 뒤에는 [평서문] 또는 [시간/날짜]가 오며, 앞으로 벌어질 일에 대해서도 현재형을 씁니다.

예) 난 모든 걸 시도해 볼 거야 + 내가 죽을 때까지.
(I am going to try everything + until I will die. (X) ➡ until I die. (O))

무기 사용법	[기본 문장] + [until 평서문 혹은 시간/날짜]

명령
1. 엄마가 돌아올 때까지 여기서 기다려.
2. [여기서 기다려] + [엄마가 돌아올 때까지].
   [Wait here] + [until mommy comes back].
3. Wait here until mommy comes back.

현재 (의무)
1. 나는 10시까지 일을 해야만 해.
2. [나는 일을 해야만 해] + [10시까지].
   [I have to work] + [until 10].
3. I have to work until 10.

과거
1. 우리는 그가 돌아올 때까지 여기에 머물렀어.
2. [우리는 여기에 머물렀어] + [그가 돌아올 때까지].
   [We stayed here] + [until he came back].
3. We stayed here until he came back.

무기 UPGRADE [기본 문장]으로 [질문형 문장]도 사용 가능.
예) Can you stay here until I come back from the office? (내가 사무실에서 돌아올 때까지 여기서 기다릴 수 있어?)

예문 폭탄

1. **Stay in your room / until I come back.**
   (네 방 안에서 머물고 있어 / 내가 돌아올 때까지.)

2. **Study math / until you get an A.**
   (수학을 공부해 / 네가 A를 받을 때까지.)

3. **I played the game / until 10.**
   (난 그 게임을 했어 / 10시까지.)

4. **I was sleeping / until she woke me up.**
   (난 자고 있었어 / 그녀가 날 깨울 때까지.)

5. **I can't leave / until 12.**
   (나는 떠날 수 없어 / 12시까지는.)

6. **I will stay here / until it stops raining.**
   (나는 여기 머물러 있을 거야 / 비가 멈출 때까지.)

7. **I won't be here / until Friday.**
   (나는 여기 있지 않을 거야 / 금요일까지는.)

8. **She won't come back / until next week.**
   (그녀는 돌아오지 않을 거야 / 다음 주까지는.)

9. **Are you going to practice / until you become perfect?**
   (너는 연습할 거니 / 네가 완벽해질 때까지?)

10. **Can you stay in Seoul / until they finish the project?**
    (너는 서울에서 머물 수 있니 / 그들이 그 프로젝트를 마칠 때까지?)

STEP 1

손영작 입영작 어순 훈련

막히지 않을 때까지 손영작＋입영작 무한반복 하세요.

1 달려 / 네가 넘어질 때까지. ▶ 넘어지다 fall

_____ / _____

2 여기에서 기다려 / 그가 올 때까지.

_____ / _____

3 여기에서 머물러 / 내일까지.

_____ / _____

4 네 방을 떠나지 마 / 네가 네 숙제를 끝마칠 때까지.

_____ / _____

5 그에게 전화하지 마 / 그가 네게 전화할 때까지.

_____ / _____

6 난 공부했어 / 5시까지.

_____ / _____

7 우린 거기에 머물렀어 / 9시까지.

_____ / _____

8 우린 맥주를 마셨어 / 그 다음날 아침까지.

_____ / _____

9 난 먹었어 / 내가 배부를 때까지. ▶ 배부른 full

_____ / _____

10 그 아기는 울었어 / 그녀의 엄마가 돌아올 때까지.

_____ / _____

성급히 넘어가면 결국 또다시 왕초보 영어에 머물 것을 보장함

11 난 여기에서 머무를 거야 / 그 비가 그칠 때까지.   ▶ 그치다 stop

_____ / _____

12 난 모든 걸 시도해 볼 거야 / 내가 성공할 때까지.   ▶ 시도하다 try ▶ 성공하다 succeed

_____ / _____

13 난 떠나지 않을 거야 / 네가 **yes**라고 말할 때까지.

_____ / _____

14 우린 포기하지 않을 거야 / 우리가 성공할 때까지.

_____ / _____

15 넌 공부했니 / 10시까지?

_____ / _____

16 그녀는 아팠니 / 토요일까지?

_____ / _____

17 그들은 널 기다렸니 / 네가 도착할 때까지?

_____ / _____

18 넌 계속 노래했니 / 네가 피곤할 때까지?   ▶ 계속 ~하다 keep ~ing

_____ / _____

19 넌 여기에 머무를 거니 / 4시까지?

_____ / _____

20 넌 그녀를 기다릴 거니 / 내일까지?   ▶ ~을 기다리다 wait for

_____ / _____

파란띠 6단 **127**

STEP 2

연기낭독 훈련

답을 맞춰 보며 상대방에게 이야기하듯 실감나게 낭독한 후 낭독 횟수를 체크하세요.

조용히 억양 없이 영혼 없이 낭독하면 공식으로만 남게 돼 매우 위험함.

		4회	8회	12회
1	Run until you fall.	✓		
2	Wait here until he comes.			
3	Stay here until tomorrow.			
4	Don't leave your room until you finish your homework.			
5	Don't call him until he calls you.			
6	I studied until 5 o'clock.			
7	We stayed there until 9 o'clock.			
8	We drank beer until the next morning.			
9	I ate until I was full.			
10	The baby cried until her mom came back.			
11	I am going to stay here until the rain stops.			
12	I am going to try everything until I succeed.			
13	I am not going to leave until you say yes.			
14	We are not going to give up until we succeed.			
15	Did you study until 10 o'clock?			
16	Was she sick until Saturday?			
17	Did they wait for you until you arrived?			
18	Did you keep singing until you were tired?			
19	Are you going to stay here until 4 o'clock?			
20	Are you going to wait for her until tomorrow?			

입영작 영어회화 : 영어로 진짜 길게 말하기

STEP 3

입영작 마스터 훈련

조금 더 자연스러운 우리말 문장을 보고 실감나게 입영작하세요.

'걔'는 he가 될 수도 she가 될 수도 있으며 여러분의 선택입니다.

		1차	2차	3차
1	넘어질 때까지 달려.			
2	걔 올 때까지 여기서 기다려.			
3	내일까지 여기서 머물러.			
4	네 숙제 끝마칠 때까지 네 방 떠나지 마.			
5	걔가 너한테 전화할 때까지 걔한테 전화하지 마.			
6	나 5시까지 공부했어.			
7	우리 9시까지 거기 머물렀어.			
8	우리 그 다음날 아침까지 맥주 마셨어.			
9	나 배부를 때까지 먹었어.			
10	그 아기는 자기 엄마가 돌아올 때까지 울었어.			
11	난 그 비가 그칠 때까지 여기에서 머무를 거야.			
12	난 내가 성공할 때까지 모든 걸 시도해 볼 거야.			
13	난 네가 yes라고 말할 때까지 떠나지 않을 거야.			
14	우린 성공할 때까지 포기하지 않을 거야.			
15	너 10시까지 공부했어?			
16	걔가 토요일까지 아팠니?			
17	걔네가 너 도착할 때까지 널 기다렸어?			
18	너 피곤할 때까지 계속 노래했어?			
19	너 4시까지 여기 머무를 거야?			
20	너 내일까지 걔 기다릴 거야?			

심하게 버벅거림 : 1점
버벅거림은 줄었으나 책 읽듯 어색함 : 3점
연기하듯 자연스러움 : 5점

TOTAL | 1차 | 2차 | 3차 |

40점 이하 → 연기낭독 훈련 부터 다시
41~79점 → 입영작 마스터 훈련 재도전
80점 이상 → 파란띠 6단 완성

파란띠 6단 **129**

파란띠 7단

I HAVE TO GET THERE BY 7.

거기 7시까지진 도착해야만 해요.

 마유: 인천공항에 7시까지는 도착해야만 해요.
기사: 지금 금요일 저녁 6시반. 여기 강남역인데요...

상황 마유는 공항에 7시까지는 도착해야 한다고 다급해하고 있습니다.
중요한 건 7시까지 '계속' 도착하는 게 아니라 '한번만' 도착하면 되는 것입니다.

무기

[by] ~까지 (한번만)

---

1 [by]를 단순히 '~까지' 라고 해석하면 앞에 등장한 [until] 무기 때문에 엄청난 혼란이 오게 됩니다. 반드시 [by]는 '~까지 (한번만)'으로 익혀야 합니다.

예) 난 내일까지 숙제를 제출해야 해.
 (I have to submit my homework by tomorrow.)
 → 내일까지 '한번만' 제출하면 된다는 말이지, 1초에 한번씩 '계속' 제출해야 한단 말이 아닙니다.

나 10시까지 거기 도착할 수 있어.
 (I can get there by 10.)
 → 10시까지 '한번만' 도착할 수 있단 말이지, 1분에 한번씩 '계속' 도착했다 사라졌다 할 수 있단 말이 아닙니다.

무기 사용법
[기본 문장] + [by 시간/날짜]

명령
1. 내일까지 네 리포트를 제출해.
2. [네 리포트를 제출해] + [내일까지].
   [Submit your report] + [by tomorrow].
3. Submit your report by tomorrow.

현재 (의무)
1. 우린 독일에 수요일까지 도착해야 해.
2. [우린 독일에 도착해야 해] + [수요일까지].
   [We have to arrive in Germany] + [by Wednesday].
3. We have to arrive in Germany by Wednesday.

능력/가능성
1. 난 거기에 7시까지 도착할 수 있어.
2. [난 거기에 도착할 수 있어] + [7시까지].
   [I can get there] + [by 7].
3. I can get there by 7.

무기 UPGRADE
[기본 문장]으로 [질문형 문장]도 사용 가능.
예) Can you get here by 10? (너 10시까지 여기 도착할 수 있어?)

예문 폭탄

1. **Paint this wall / by tomorrow.**
   (이 벽을 칠해 / 내일까지.)

2. **Update your software / by next week.**
   (네 소프트웨어를 업데이트해 / 다음 주까지.)

3. **Submit your application / by the end of the month.**
   (네 신청서를 제출해 / 이달 말까지.)

4. **You have to finish your essay / by 5.**
   (넌 네 에세이를 끝내야 해 / 5시까지.)

5. **They have to leave this country / by April 1st.**
   (그들은 이 나라를 떠나야 해 / 4월 1일까지.)

6. **I can't fix this computer / by today.**
   (난 이 컴퓨터를 고칠 수가 없어 / 오늘까지는.)

7. **Can you replace this window / by Sunday?**
   (넌 이 창문을 교체할 수 있니 / 일요일까지?)

8. **Can you come to my house / by 5:40 today?**
   (넌 내 집에 올 수 있니 / 오늘 5시 40분까지?)

9. **Do I have to return this book / by this Wednesday?**
   (내가 이 책을 반납해야 하니 / 이번 수요일까지?)

10. **Do we have to finish this project / by next year?**
    (우린 이 프로젝트를 끝내야 하니 / 내년까지?)

STEP 1

손영작 입영작 어순 훈련

막히지 않을 때까지 손영작+입영작 무한반복 하세요.

1 네 숙제를 제출해 / 내일까지. ▶ 제출하다 submit

_____ / _____

2 내 차를 고쳐 / 월요일까지.

_____ / _____

3 이 프로젝트를 끝마쳐 / 오늘까지.

_____ / _____

4 네 에세이를 끝내 / 6시까지.

_____ / _____

5 이 나라를 떠나 / 8월까지.

_____ / _____

6 넌 네 숙제를 제출해야만 해 / 금요일까지.

_____ / _____

7 난 돌아와야만 해 / 자정까지. ▶ 자정 midnight

_____ / _____

8 그녀는 여길 떠나야만 해 / 7시까지.

_____ / _____

9 우린 이 문제를 고쳐야만 해 / 내일까지.

_____ / _____

10 난 그에게 전화해야만 해 / 다음 주까지.

_____ / _____

성급히 넘어가면 결국 또다시 왕초보 영어에 머물 것을 보장함

11 난 그 공항에 도착해야만 해 / 8시까지.
_____ / _____

12 그녀는 살을 빼야만 해 / 다음 달까지.   ▶ 살을 빼다 lose weight
_____ / _____

13 그들은 그 공사를 끝마쳐야만 해 / 12월까지.   ▶ 공사 construction
_____ / _____

14 우린 먹는 걸 끝마쳐야만 해 / 1시까지.
_____ / _____

15 넌 이 차를 우리에게 반납해야만 해 / 오늘밤까지.   ▶ 반납하다 return
_____ / _____

16 내가 이 빌딩을 떠나야만 하니 / 오늘까지?
_____ / _____

17 내가 이걸 끝내야만 하니 / 내일까지?
_____ / _____

18 넌 돌아가야만 하니 / 자정까지?   ▶ 돌아가다 go back
_____ / _____

19 넌 이 시험을 통과해야만 하니 / 다음 달까지?
_____ / _____

20 그녀는 돌아와야만 하니 / 이번 주말까지?   ▶ 주말 weekend
_____ / _____

STEP 2

연기낭독 훈련

답을 맞춰 보며 상대방에게 이야기하듯 실감나게 낭독한 후 낭독 횟수를 체크하세요.

조용히, 억양 없이, 영혼 없이 낭독하면 공식으로만 남게 돼 매우 위험함.

		4회	8회	12회
1	Submit your homework by tomorrow.	✓		
2	Fix my car by Monday.			
3	Finish this project by today.			
4	Finish your essay by 6 o'clock.			
5	Leave this country by August.			
6	You have to submit your homework by Friday.			
7	I have to come back by midnight.			
8	She has to leave here by 7 o'clock.			
9	We have to fix this problem by tomorrow.			
10	I have to call him by next week.			
11	I have to arrive at the airport by 8 o'clock.			
12	She has to lose weight by next month.			
13	They have to finish the construction by December.			
14	We have to finish eating by 1 o'clock.			
15	You have to return this car to us by tonight.			
16	Do I have to leave this building by today?			
17	Do I have to finish this by tomorrow?			
18	Do you have to go back by midnight?			
19	Do you have to pass this test by next month?			
20	Does she have to come back by this weekend?			

입영작 영어회화 : 영어로 진짜 길게 말하기

STEP 3

입영작 마스터 훈련

조금 더 자연스러운 우리말 문장을 보고 실감나게 입영작하세요.

> '걔'는 he가 될 수도 she가 될 수도 있으며 여러분의 선택입니다.

		1차	2차	3차
1	내일까지 네 숙제 제출해.			
2	월요일까지 내 차 고쳐 놔.			
3	오늘까지 이 프로젝트 끝내.			
4	6시까지 네 에세이 끝내.			
5	8월까지 이 나라를 떠나.			
6	금요일까지 네 숙제 제출해야만 해.			
7	나 자정까지 돌아와야만 해.			
8	걔는 7시까지 여길 떠나야만 해.			
9	우리 내일까지 이 문제 고쳐야만 해.			
10	나 다음 주까지 걔한테 전화해야만 해.			
11	나 8시까지 그 공항에 도착해야만 해.			
12	걔는 다음 달까지 살 빼야만 해.			
13	걔네는 12월까지 그 공사를 끝마쳐야만 해.			
14	우리 1시까지 먹는 걸 끝마쳐야만 해.			
15	너 우리한테 오늘밤까지 이 차 반납해야만 해.			
16	나 오늘까지 이 빌딩 떠나야만 해?			
17	나 이거 내일까지 끝내야만 해?			
18	너 자정까지 돌아가야만 해?			
19	너 이 시험 다음 달까지 통과해야만 해?			
20	걔가 이번 주말까지 돌아와야만 해?			

심하게 버벅거림 : 1점
버벅거림은 줄었으나 책 읽듯 어색함 : 3점
연기하듯 자연스러움 : 5점

TOTAL 1차 2차 3차

40점 이하 연기낭독 훈련 부터 다시
41~79점 입영작 마스터 훈련 재도전
80점 이상 파란띠 7단 완성

파란띠 7단 **135**

파란띠 8단

CALL ME AFTER YOU FINISH WORKING.

일 마친 후에 전화해.

사용빈도 ★★★★★
난이도 ★★★☆

마유: 친구, 뭐해?
영수: 일하지…
마유: 헤어졌다며. **일 마치고 나서 전화해라.** 술 사 줄게.

상황 마유는 영수에게 일 마친 '**후에**' 전화하라고 표현하고 있습니다.

무기
[after] ~한 후에 / ~하고 나서

---

1 [after]는 [기본 문장]이 [추가 문장]보다 '후에' 벌어질 때 사용하는 무기입니다. [after] 뒤에는 [평서문] 혹은 [날짜/시간]이 따라옵니다.

예) 나한테 전화해 (기본 문장) + 너희 부장님이 떠난 후에. (추가 문장)
(Call me + <u>after your boss leaves</u>.)

우린 우유 빙수를 즐겼어 (기본 문장) + 치킨을 먹고 나서. (추가 문장)
(We enjoyed milk bingsu. + <u>after we ate chicken</u>.)

2 [평서문] 대신 [시간/날짜] 표현이 올 수도 있음.

예) Call me <u>after 7</u>. (7시 이후에 나한테 전화해.)

3 [after 평서문]의 경우, 미래에 대한 내용을 말할 때도 현재형을 씁니다.

예) 나한테 전화해 + 네가 그를 본 후에.
(Call me + after you will see him. (X) ➔ <u>after you see him</u>. (O))

무기 사용법	**[기본 문장] + [after 평서문 혹은 날짜/시간]**

명령
1. 일을 마친 후에 나한테 전화해.
2. [나한테 전화해] + [네가 일을 마친 후에].
   [Call me] + [after you finish working].
3. Call me after you finish working.

현재
1. 난 운동을 마친 후에 많은 물을 마셔.
2. [난 많은 물을 마셔] + [내가 운동을 마친 후에].
   [I drink a lot of water] + [after I finish exercising].
3. I drink a lot of water after I finish exercising.

과거
1. 난 일하는 걸 마친 후에 내 여자친구를 픽업했어.
2. [난 내 여자친구를 픽업했어] + [내가 일하는 걸 마친 후에].
   [I picked up my girlfriend] + [after I finished working].
3. I picked up my girlfriend after I finished working.

무기 UPGRADE	a. [기본 문장]으로 [질문형 문장]도 사용 가능. 예: Can you call us after you finish eating? (먹는 거 끝낸 후에 우리한테 전화할 수 있어?) b. [after 평서문]은 [기본 문장] 앞에 놓일 수도 있는데, 이런 경우엔 comma를 찍을 것. 예: After Theresa left, we started exercising. (Theresa가 떠난 후에 우리는 운동하기 시작했어.)

예문 폭탄

1. **Take this pill / after you eat something.**
   (이 알약을 복용해 / 네가 뭔가 먹은 후에.)

2. **Brush your teeth / after you eat.**
   (이를 닦아 / 네가 먹은 후에.)

3. **Don't call Kyle / after you break up with him.**
   (Kyle에게 전화하지 마 / 네가 그와 헤어진 후에.)

4. **Don't laugh / after you cry.**
   (웃지 마 / 네가 운 후에.)

5. **She washed her face / after she removed her makeup.**
   (그녀는 세수를 했어 / 그녀가 그녀의 화장을 제거한 후에.)

6. **I took a nap / after I had lunch.**
   (난 낮잠을 잤어 / 내가 점심을 먹은 후에.)

7. **I didn't turn it off / after I used it.**
   (난 그걸 끄지 않았어 / 내가 그걸 사용한 후에.)

8. **They went to a club / after they took the test.**
   (그들은 클럽에 갔어 / 그들이 그 시험을 친 후에.)

9. **Did you go home / after you drank?**
   (넌 집에 갔니 / 네가 마신 후에?)

10. **Did you find another girlfriend / after you broke up with her?**
    (넌 또 다른 여자친구를 찾았니 / 네가 그녀와 헤어진 후에?)

STEP 1

손영작 입영작 어순 훈련

막히지 않을 때까지 손영작 + 입영작 무한반복 하세요.

1 내게 전화해 / 네가 먹은 후에.

_____ / _____

2 물을 마셔 / 네가 달린 후에.

_____ / _____

3 샤워를 해 / 네가 운동한 후에.

_____ / _____

4 네 이를 닦아 / 네가 그걸 먹은 후에.

_____ / _____

5 네 손들을 씻어 / 네가 그 화장실을 사용한 후에. ▶ 화장실 restroom

_____ / _____

6 난 물을 마셔 / 내가 일어난 후에.

_____ / _____

7 그녀는 운동을 해 / 그녀가 퇴근한 후에. ▶ 퇴근하다 get off work

_____ / _____

8 난 그에게 사과했어 / 내가 그를 친 후에. ▶ ~에게 사과하다 apologize to someone

_____ / _____

9 난 그 시험을 쳤어 / 내가 공부한 후에.

_____ / _____

10 그녀는 나갔어 / 그녀가 그녀의 화장을 고친 후에.

_____ / _____

WARNING 성급히 넘어가면 결국 또다시 왕초보 영어에 머물 것을 보장함

11 난 잠자리에 들었어 / 내가 샤워한 후에.
_____ / _____

12 난 클럽에 갔어 / 내가 그 시험을 친 후에.
_____ / _____

13 자지 마 / 네가 먹은 후에.
_____ / _____

14 네 눈들을 만지지 마 / 네가 이 제품을 사용한 후에.　　▶ 제품 product
_____ / _____

15 맥주를 마시지 마 / 네가 이 알약을 복용한 후에.　　▶ 알약을 복용하다 take a pill
_____ / _____

16 넌 네 머리를 감니 / 네가 직장으로부터 돌아온 후에?　　▶ 직장 work
_____ / _____

17 그녀는 스트레칭을 하니 / 그녀가 춤을 춘 후에?　　▶ 스트레칭하다 stretch
_____ / _____

18 넌 나갔니 / 네가 네 숙제를 끝마친 후에?
_____ / _____

19 **Mary**는 네게 전화했니 / 내가 떠난 후에?
_____ / _____

20 넌 걸었니 / 네가 먹은 후에?
_____ / _____

STEP 2

연기낭독 훈련

답을 맞춰 보며 상대방에게 이야기하듯 실감나게 낭독한 후 낭독 횟수를 체크하세요.

조용히, 억양 없이, 영혼 없이 낭독하면 공식으로만 남게 돼 매우 위험함.

		4회	8회	12회
1	Call me after you eat.	✓		
2	Drink water after you run.			
3	Take a shower after you exercise.			
4	Brush your teeth after you eat it.			
5	Wash your hands after you use the restroom.			
6	I drink water after I wake up.			
7	She exercises after she gets off work.			
8	I apologized to him after I hit him.			
9	I took the test after I studied.			
10	She went out after she fixed her makeup.			
11	I went to bed after I took a shower.			
12	I went to a club after I took the test.			
13	Don't sleep after you eat.			
14	Don't touch your eyes after you use this product.			
15	Don't drink beer after you take this pill.			
16	Do you wash your hair after you come back from work?			
17	Does she stretch after she dances?			
18	Did you go out after you finished your homework?			
19	Did Mary call you after I left?			
20	Did you walk after you ate?			

STEP 3

입영작 마스터 훈련

조금 더 자연스러운 우리말 문장을 보고 실감나게 입영작하세요.

'걔'는 he가 될 수도 she가 될 수도 있으며 여러분의 선택입니다.

		1차	2차	3차
1	먹은 후에 나한테 전화해.			
2	달린 후에는 물 마셔.			
3	운동한 후에 샤워해.			
4	그것 먹은 후에 이 닦아.			
5	그 화장실 쓴 후에는 손 씻어.			
6	난 일어난 후에 물을 마셔.			
7	걔는 퇴근한 후에 운동해.			
8	나 걔 때린 후에 걔한테 사과했어.			
9	나 공부한 후에 그 시험 쳤어.			
10	걔는 자기 화장 고친 후에 나갔어.			
11	나 샤워한 후에 잠자리에 들었어.			
12	나 그 시험 친 후에 클럽에 갔어.			
13	먹은 후에 자지 마.			
14	너 이 제품 쓴 후에는 네 눈들 만지지 마.			
15	너 이 알약 복용한 후에는 맥주 마시지 마.			
16	너 직장에서 돌아온 후에는 머리 감니?			
17	걔는 춤춘 후에 스트레칭해?			
18	너 네 숙제 끝마친 후에 나갔어?			
19	내가 떠난 후에 Mary가 너한테 전화했어?			
20	너 먹은 후에 걸었어?			

심하게 버벅거림 : 1점
버벅거림은 줄었으나 책 읽듯 어색함 : 3점
연기하듯 자연스러움 : 5점

TOTAL   1차   2차   3차

40점 이하 — 연기낭독훈련 부터 다시
41~79점 — 입영작 마스터 훈련 재도전
80점 이상 — 파란띠 8단 완성

파란띠 9단

IT'S BEEN RAINING SINCE SHE LEFT.

그녀가 떠난 이후로 계속 비가 내려 오고 있어.

사용빈도 ★★★
난이도 ★★★

 마유: 그녀가 떠난 이후로 계속 비가 내려오고 있어.
　　　하늘도 슬퍼하는 건가.
정범: 그냥 장마일 걸...

상황 마유는 그녀가 떠난 '이후로' 계속 비가 내리고 있다고 표현하고 있습니다.

무기

[since]　～한 이후로 / ～ 이후로

1 [since]는 어떤 일이 과거 한 시점 '이후로' 벌어짐을 표현할 때 쓰는 무기입니다. [since] 뒤에는 [평서문 과거] 혹은 과거의 [날짜/시간]이 옵니다.

예) 난 태어난 이후로 건강해 왔어. *평서문 과거
　　(I have been healthy since I was born.)

　　난 지난 7월 이후로 그를 본 적이 없어. *과거의 날짜
　　(I haven't seen him since last July.)

2 [기본 문장]의 시제로 잘 어울리는 시제는 다음 두 가지입니다.

a. [have been ~ing]

예) 난 여기서 계속 기다려 오고 있어 네가 떠난 이후로.
　　(I have been waiting here since you left.)

b. [have p.p.]

예) 난 그녀를 본 적이 없어 지난주 이후로.
　　(I haven't seen her since last week.)

무기 사용법: [기본 문장] + [since 평서문 과거 혹은 과거의 날짜/시간]

have been -ing
1. 네가 날 떠난 이후로 비가 내려 오고 있어.
2. [비가 내려 오고 있어] + [네가 날 떠난 이후로].
   [It's been raining] + [since you left me].
3. It's been raining since you left me.

have p.p.
1. 그가 미국으로 이사한 이후로 난 그를 본 적이 없어.
2. [난 그를 본 적이 없어] + [그가 미국으로 이사한 이후로].
   [I haven't seen him] + [since he moved to America].
3. I haven't seen him since he moved to America.

have p.p.
1. 지난주 이후로 우린 우울해 왔어.
2. [우린 우울해 왔어] + [지난주 이후로].
   [We've been depressed] + [since last week].
3. We've been depressed since last week.

무기 UPGRADE
[기본 문장]으로 [질문형 문장]도 사용 가능.
예) Has she been sick since she broke up with him? (그녀는 그와 헤어진 이후로 아파 왔니?)

예문 폭탄

1. **I've been doing this business / since 1978.**
   (나는 이 사업을 해 오고 있어 / 1978년 이후로.)

2. **She's been waiting here / since you left her.**
   (그녀는 여기서 기다려 오고 있어 / 네가 그녀를 떠난 이후로.)

3. **I've seen her once / since she left our company.**
   (난 그녀를 한번 본 적 있어 / 그녀가 우리 회사를 떠난 이후로.)

4. **Amy hasn't had a boyfriend / since last year.**
   (그녀는 남자친구를 가져 본 적이 없어 / 작년 이후로.)

5. **My girlfriend hasn't farted / since she was born.**
   (내 여자친구는 방귀를 뀌어 본 적이 없어 / 그녀가 태어난 이후로.)

6. **Hailey has been sick / since yesterday.**
   (Hailey는 아파 왔어 / 어제 이후로.)

7. **They've been quiet / since they saw the ghost.**
   (그들은 조용해 왔어 / 그들이 그 귀신을 본 이후로.)

8. **Has she been crying / since her dog died?**
   (그녀는 울어 오고 있니 / 그녀의 개가 죽은 이후로?)

9. **Have you been practicing / since you failed the audition?**
   (넌 연습해 오고 있니 / 네가 그 오디션을 떨어진 이후로?)

10. **Have you been single / since 2000?**
    (넌 혼자여 왔니 / 2000년 이후로?)

STEP 1

손영작 입영작 어순 훈련

막히지 않을 때까지 손영작＋입영작 무한반복 하세요.

1 난 영어를 공부해 오고 있어 / 작년 이후로.

_____ / _____

2 우린 데이트해 오고 있어 / 작년 이후로.

_____ / _____

3 그녀는 요가를 해 오고 있어 / 지난주 이후로.   ▶ 요가를 하다 do yoga

_____ / _____

4 그는 울어 오고 있어 / 월요일 이후로.

_____ / _____

5 그들은 마셔 오고 있어 / 8시 이후로.

_____ / _____

6 난 일해 오고 있어 / 내가 일어난 이후로.

_____ / _____

7 그녀는 TV를 봐 오고 있어 / 그녀가 집에 온 이후로.

_____ / _____

8 난 이 전화기를 사용해 오고 있어 / 내가 내 전화기를 잃어 버린 이후로.

_____ / _____

9 그는 공부해 오고 있어 / 그가 그 시험을 낙제한 이후로.

_____ / _____

10 난 춤춰 오고 있어 / 그녀가 날 가르친 이후로.

_____ / _____

경고 WARNING 성급히 넘어가면 결국 또다시 왕초보 영어에 머물 것을 보장함

11 난 외로워해 왔어 / 네가 날 떠난 이후로.
_____ / _____

12 난 아파해 왔어 / 내가 그 사과를 먹은 이후로.
_____ / _____

13 그녀는 슬퍼해 왔어 / **Michael Jackson**이 죽은 이후로.
_____ / _____

14 넌 못생겨 왔어 / 네가 태어난 이후로.
_____ / _____

15 난 행복해 왔어 / 내가 그녀와 결혼한 이후로.　　　　　▶ ~와 결혼하다 **marry someone**
_____ / _____

16 넌 영어를 공부해 오고 있니 / 지난달 이후로?
_____ / _____

17 넌 운동해 오고 있니 / 2016년 이후로?
_____ / _____

18 그는 운전해 오고 있니 / 그가 고등학교를 졸업한 이후로?　▶ ~를 졸업하다 **graduate from**
_____ / _____

19 그녀는 일해 오고 있니 / 그녀가 서울로 이사한 이후로?
_____ / _____

20 넌 행복해 왔니 / 네가 그녀를 만난 이후로?
_____ / _____

STEP 2

연기낭독 훈련

답을 맞춰 보며 상대방에게 이야기하듯 실감나게 낭독한 후 낭독 횟수를 체크하세요.

조용히 억양 없이 영혼 없이 낭독하면 공식으로만 남게 돼 매우 위험함.

		4회	8회	12회
1	I've been studying English since last year.	✓		
2	We've been dating since last year.			
3	She's been doing yoga since last week.			
4	He's been crying since Monday.			
5	They've been drinking since 8.			
6	I've been working since I woke up.			
7	She's been watching TV since she came home.			
8	I've been using this phone since I lost my phone.			
9	He's been studying since he failed the test.			
10	I've been dancing since she taught me.			
11	I've been lonely since you left me.			
12	I've been sick since I ate the apple.			
13	She's been sad since Michael Jackson died.			
14	You've been ugly since you were born.			
15	I've been happy since I married her.			
16	Have you been studying English since last month?			
17	Have you been exercising since 2016?			
18	Has he been driving since he graduated from high school?			
19	Has she been working since she moved to Seoul?			
20	Have you been happy since you met her?			

입영작 영어회화 : 영어로 진짜 길게 말하기

STEP 3

입영작 마스터 훈련

조금 더 자연스러운 우리말 문장을 보고 실감나게 입영작하세요.

'걔'는 he가 될 수도 she가 될 수도 있으며 여러분의 선택입니다.

		1차	2차	3차
1	나 작년 이후로 영어 공부해 오고 있어.			
2	우리 작년 이후로 데이트해 오고 있어.			
3	걔는 지난주 이후로 요가해 오고 있어.			
4	걔는 월요일 이후로 울어 오고 있어.			
5	걔네는 8시 이후로 마셔 오고 있어.			
6	난 일어난 이후로 일해 오고 있어.			
7	걔는 집에 온 이후로 TV를 봐 오고 있어.			
8	난 내 전화기 잃어 버린 이후로 이 전화기를 써 오고 있어.			
9	걔는 그 시험 낙제한 이후로 공부해 오고 있어.			
10	걔가 날 가르친 이후로 난 춤춰 오고 있어.			
11	네가 날 떠난 이후로 난 외로워 왔어.			
12	난 그 사과 먹은 이후로 아파 왔어.			
13	걔는 Michael Jackson이 죽은 이후로 슬퍼해 왔어.			
14	넌 네가 태어난 이후로 못생겨 왔어.			
15	난 걔랑 결혼한 이후로 행복해 왔어.			
16	너 지난달 이후로 영어 공부해 오고 있어?			
17	너 2016년 이후로 운동해 오고 있어?			
18	걔는 고등학교 졸업한 이후로 운전해 오고 있어?			
19	걔는 서울로 이사한 이후로 일해 오고 있어?			
20	넌 그녀를 만난 이후로 행복해 왔어?			

심하게 버벅거림 : 1점
버벅거림은 줄었으나 책 읽듯 어색함 : 3점
연기하듯 자연스러움 : 5점

TOTAL 1차 / 2차 / 3차

40점 이하 → 연기낭독 훈련 부터 다시
41~79점 → 입영작 마스터 훈련 재도전
80점 이상 → 파란띠 9단 완성

파란띠 9단

빨간띠

입영작 네 권이 진행되는 내내 (사랑의) 잔소리만 한 것 같아, 감수성도 리필되면서
동시에 영어에 도움마저 되는 영상물들을 좀 추천해 보려 합니다.
경고: 모두 중독성이 강합니다. 그 점 책임질 수 없습니다.

#1 미국드라마: The office
오리지널 버전은 영국에서 제작되었으며, 한 종이 회사에 종사하는 직원들
사이에서 벌어지는 이야기를 코믹하게 그려낸 드라마. 저 또한 보는 내내
"와, 실제로 쓰는 표현들만 제대로 모아 놨네." 란 말을 연발했을 정도로
리얼하며 미국적인 유머 코드와 정서를 느끼기에도 최적인 드라마여서 추천함.

#2 영화: Crazy, Stupid, Love
Ryan Gosling, Steve Carell, Emma Stone 등 화려한 캐스팅으로 이루어진 코미디
드라마로, 난이도 높은 표현들에도 불구하고 추천하는 이유는 정말 말 그대로
재미있기 때문. 사랑, 질투, 가족애 등의 다이내믹한 요소로 시간가는 줄 모르고
빠져드는 영화. 기억하세요. 언어 습득은 흥미가 우선입니다.

#3 뮤지컬: Wicked
Gregory Maguire의 원작 소설 Wicked를 바탕으로 제작되었으며, 영화 〈오즈의
마법사 (The Wizard of Oz)〉의 비하인드 스토리를 그린 뮤지컬. 다른 뮤지컬들에
비해 비교적 가사 및 대사 전달이 명확한 편이어서 강력 추천.
언젠가 기회가 되면 여러분들과 단체 관람을 주선하고 싶은 정도.

Trust me. You'll love them.

— 마스터유진

빨간띠 1단

YOU'RE THE ONLY ONE I LOVE EVEN THOUGH MANY GIRLS LIKE ME.

많은 여자들이 날 좋아하는데도 넌 내가
사랑하는 유일한 사람이야.

사용빈도
★★★
난이도
★★★

마유: 많은 여자들이 날 좋아하는데도 넌 내가 사랑하는 유일한 사람이야.
채희: 사실만 추려서 다시.
마유: 난 너만 사랑해.

상황 마유는 여자들이 자신을 좋아하는 것은 이미 '사실'인 것처럼 말하고 있습니다.

무기
[even though] ~인데도 불구하고 / ~인데도

1 [even though] 뒤에 따라오는 [평서문]은 이미 벌어졌거나 명백한 사실이어야 합니다. 예를 들어, '그가 날 싫어하는 데도 불구하고' 라는 말은, 단순히 그가 날 싫어하는 것 같다는 추측이나 가정이라기보다는, 그가 날 싫어한다고 말한 걸 이미 남한테 들었거나, 대놓고 그가 날 싫어한다고 쪽지를 보냈던가 해서, 명백한 사실이 되었을 때 쓰는 말입니다.

예) 네가 직업이 없었는데도 난 널 사랑했어. (직업이 없었던 게 사실임)
(I loved you even though you didn't have a job.)

추운데도 불구하고 난 치마를 입을 거야. (추운 게 사실임)
(I am going to wear a skirt even though it's cold.)

무기 사용법: [기본 문장] + [even though 평서문]

현재
1. 난 많은 팬들을 가졌는데도 불구하고 너만을 사랑해.
2. [난 너만을 사랑해] + [내가 많은 팬들을 가졌는데도 불구하고].
   [I love only you] + [even though I have many fans].
3. I love only you even though I have many fans.

과거
1. 치킨을 먹었는데도 불구하고 난 여전히 배고팠어.
2. [난 여전히 배고팠어] + [내가 치킨을 먹었는데도 불구하고].
   [I was still hungry] + [even though I ate chicken].
3. I was still hungry even though I ate chicken.

질문
1. 7월인데도 불구하고 러시아에서는 춥니?
2. [러시아에서는 춥니] + [7월인데도 불구하고]?
   [Is it cold in Russia] + [even though it's July]?
3. Is it cold in Russia even though it's July?

무기 UPGRADE
a. [even though] 대신 [although] 또한 사용 가능.
예) I didn't say "hi" although I knew him.
b. [even though 평서문]은 [기본 문장] 앞에 놓일 수도 있는데, 이 경우 comma를 찍을 것.
예) Even though he is cute, I don't like him.

예문 폭탄

1. **I like my car / even though it's old.**
   (난 내 자동차를 좋아해 / 그게 오래 되었는데도 불구하고.)

2. **I miss Evelyn / even though I didn't like her.**
   (난 Evelyn이 그리워 / 내가 그녀를 좋아하지 않았는데도 불구하고.)

3. **We are happy / even though we don't have money.**
   (우리는 행복해 / 우리가 돈이 없는데도 불구하고.)

4. **They don't want me / even though I did my best.**
   (그들은 날 원하지 않아 / 내가 최선을 다했는데도 불구하고.)

5. **He bought a Ferrari / even though he was jobless.**
   (그는 Ferrari를 샀어 / 그가 직업이 없었는데도 불구하고.)

6. **I was jealous / even though she wasn't my girlfriend.**
   (난 질투가 났어 / 그녀가 내 여자친구가 아니었는데도 불구하고.)

7. **I didn't wake up / even though he called me 100 times.**
   (난 깨어나지 않았어 / 그가 내게 100번 전화했는데도 불구하고.)

8. **Are you happy / even though tomorrow is Monday?**
   (넌 행복하니 / 내일이 월요일인데도 불구하고?)

9. **Do you still like him / even though he is a liar?**
   (넌 여전히 그를 좋아하니 / 그가 거짓말쟁이인데도 불구하고?)

10. **Did he call you again / even though you yelled at him?**
    (그가 너에게 다시 전화했니 / 네가 그에게 소리질렀는데도 불구하고?)

STEP 1

손영작 입영작 어순 훈련

막히지 않을 때까지 손영작+입영작 무한반복 하세요.

1 난 강해 / 내가 말랐는데도 불구하고.

_____ / _____

2 난 우울해 / 내가 모든 걸 가졌는데도 불구하고.

_____ / _____

3 난 그를 좋아하지 않아 / 그가 내 친구인데도 불구하고.

_____ / _____

4 그녀는 건강해 / 그녀가 나이 들었는데도 불구하고.

_____ / _____

5 그는 약해 / 그가 젊은데도 불구하고.

_____ / _____

6 난 외로워 / 내가 남자친구를 가지고 있는데도 불구하고.

_____ / _____

7 난 행복하지 않아 / 내가 돈을 가지고 있는데도 불구하고.

_____ / _____

8 우린 행복해 / 우리가 돈을 가지고 있지 않는데도 불구하고.

_____ / _____

9 난 널 좋아해 / 네가 날 좋아하지 않는데도 불구하고.

_____ / _____

10 난 그녀를 사랑해 / 그녀가 날 사랑하지 않는데도 불구하고.

_____ / _____

성급히 넘어가면 결국
또다시 왕초보 영어에
머물 것을 보장함

11 난 목말라 / 내가 물을 마셨는데도 불구하고.

_____ / _____

12 그녀는 실패했어 / 내가 그녀를 도와줬는데도 불구하고.

_____ / _____

13 그들은 그녀를 고용하지 않았어 / 그녀가 다시 시도했는데도 불구하고. ▶ 고용하다 hire

_____ / _____

14 그는 괜찮았어 / 그가 와인을 마셨는데도 불구하고. ▶ 괜찮은 okay

_____ / _____

15 난 깨어났어 / 그가 내게 전화하지 않았는데도 불구하고.

_____ / _____

16 넌 그녀를 사랑하니 / 그녀가 가난한데도 불구하고?

_____ / _____

17 넌 그를 좋아하니 / 그가 게으른데도 불구하고?

_____ / _____

18 넌 겁나니 / 내가 여기에 있는데도 불구하고?

_____ / _____

19 넌 괜찮았니 / 네가 먹지 않았는데도 불구하고?

_____ / _____

20 넌 실패했니 / 네가 다시 시도했는데도 불구하고?

_____ / _____

STEP 2

연기낭독 훈련

답을 맞춰 보며 상대방에게 이야기하듯 실감나게 낭독한 후 낭독 횟수를 체크하세요.

조용히, 억양 없이, 영혼 없이 낭독하면 공식으로만 남게 돼 매우 위험함.

		4회	8회	12회	16회	20회
1	I am strong even though I am skinny.	✓	☐☐	☐☐	☐☐	☐☐
2	I am depressed even though I have everything.	☐☐	☐☐	☐☐	☐☐	☐☐
3	I don't like him even though he is my friend.	☐☐	☐☐	☐☐	☐☐	☐☐
4	She is healthy even though she is old.	☐☐	☐☐	☐☐	☐☐	☐☐
5	He is weak even though he is young.	☐☐	☐☐	☐☐	☐☐	☐☐
6	I am lonely even though I have a boyfriend.	☐☐	☐☐	☐☐	☐☐	☐☐
7	I am not happy even though I have money.	☐☐	☐☐	☐☐	☐☐	☐☐
8	We are happy even though we don't have money.	☐☐	☐☐	☐☐	☐☐	☐☐
9	I like you even though you don't like me.	☐☐	☐☐	☐☐	☐☐	☐☐
10	I love her even though she doesn't love me.	☐☐	☐☐	☐☐	☐☐	☐☐
11	I am thirsty even though I drank water.	☐☐	☐☐	☐☐	☐☐	☐☐
12	She failed even though I helped her.	☐☐	☐☐	☐☐	☐☐	☐☐
13	They didn't hire her even though she tried again.	☐☐	☐☐	☐☐	☐☐	☐☐
14	He was okay even though he drank wine.	☐☐	☐☐	☐☐	☐☐	☐☐
15	I woke up even though he didn't call me.	☐☐	☐☐	☐☐	☐☐	☐☐
16	Do you love her even though she is poor?	☐☐	☐☐	☐☐	☐☐	☐☐
17	Do you like him even though he is lazy?	☐☐	☐☐	☐☐	☐☐	☐☐
18	Are you scared even though I am here?	☐☐	☐☐	☐☐	☐☐	☐☐
19	Were you okay even though you didn't eat?	☐☐	☐☐	☐☐	☐☐	☐☐
20	Did you fail even though you tried again?	☐☐	☐☐	☐☐	☐☐	☐☐

입영작 영어회화 : 영어로 진짜 길게 말하기

STEP 3

 입영작 마스터 훈련

조금 더 자연스러운 우리말 문장을 보고 실감나게 입영작하세요.

'걔'는 he가 될 수도 she가 될 수도 있으며 여러분의 선택입니다.

		1차	2차	3차
1	난 말랐는데도 (불구하고) 강해.			
2	난 모든 걸 가졌는데도 (불구하고) 우울해.			
3	난 걔가 내 친구인데도 (불구하고) 걔를 안 좋아해.			
4	그 분은 나이 들었는데도 (불구하고) 건강해.			
5	걔는 젊은데도 (불구하고) 약해.			
6	난 남자친구가 있는데도 (불구하고) 외로워.			
7	난 돈이 있는데도 (불구하고) 행복하지 않아.			
8	우린 돈이 없는데도 (불구하고) 행복해.			
9	난 네가 날 좋아하지 않는데도 (불구하고) 널 좋아해.			
10	난 걔가 날 사랑하지 않는데도 (불구하고) 걔를 사랑해.			
11	난 물 마셨는데도 (불구하고) 목말라.			
12	걔는 내가 걔를 도와줬는데도 (불구하고) 실패했어.			
13	그들은 걔가 다시 시도했는데도 (불구하고) 걔를 고용하지 않았어.			
14	걔는 와인을 마셨는데도 (불구하고) 괜찮았어.			
15	걔가 나한테 전화하지 않았는데도 (불구하고) 난 깨어났어.			
16	넌 걔가 가난한데도 (불구하고) 걔를 사랑해?			
17	넌 걔가 게으른데도 (불구하고) 걔를 좋아해?			
18	넌 내가 여기 있는데도 (불구하고) 겁나니?			
19	넌 먹지 않았는데도 (불구하고) 괜찮았어?			
20	넌 다시 시도했는데도 (불구하고) 실패했니?			

심하게 버벅거림 : 1점
버벅거림은 줄었으나 책 읽듯 어색함 : 3점
연기하듯 자연스러움 : 5점

TOTAL 1차 2차 3차

40점 이하 — 연기낭독훈련 부터 다시
41~79점 — 입영작 마스터 훈련 재도전
80점 이상 — 빨간띠 1단 완성

I GOT AN F DESPITE MY EFFORT.

내 노력에도 불구하고 F를 받았어.

 마유: 왜 이리 울상이야?
희재: 내 노력에도 불구하고 F를 받아 버렸어.
마유: 벼락쳐 놓고 무슨.

상황 희재는 그의 노력에도 '불구하고' F를 받았다며 슬퍼하고 있습니다. 여기서 핵심은 '노력'이 문장이 아니라 명사라는 것입니다.

무기

[despite] ~에도 불구하고

1 [even though]와 의미는 같지만 [despite] 뒤에는 [명사/~ing]가 따라옵니다.

예) 우리의 사랑에도 불구하고 우리는 헤어졌어.
(We broke up despite our love.)

내 열정에도 불구하고 그들은 날 뽑지 않았어.
(They didn't pick me despite my passion.)

이 나쁜 날씨에도 불구하고 그녀는 스노보드를 타고 있어.
(She is snowboarding despite this bad weather.)

무기 사용법

[기본 문장] + [despite 명사 혹은 ~ing]

과거
1. 내 노력에도 불구하고 그들은 날 해고했어.
2. [그들은 날 해고했어] + [내 노력에도 불구하고].
   [They fired me] + [despite my effort].
3. They fired me despite my effort.

능력/가능성 (부정)
1. 그 날씨에도 불구하고 우린 그 콘서트를 취소할 수 없어.
2. [우린 그 콘서트를 취소할 수 없어] + [그 날씨에도 불구하고].
   [We can't cancel the concert] + [despite the weather].
3. We can't cancel the concert despite the weather.

과거 (부정)
1. 내 실수에도 불구하고 그녀는 아무 말도 하지 않았어.
2. [그녀는 아무 말도 하지 않았어] + [내 실수에도 불구하고].
   [She didn't say anything] + [despite my mistake].
3. She didn't say anything despite my mistake.

무기 UPGRADE

a. [despite] 대신 [in spite of]도 사용 가능.
예) She's not attractive to me in spite of her beauty.
b. [despite 명사/~ing]는 [기본 문장] 앞에 놓일 수도 있는데, 이런 경우엔 comma를 찍을 것.
예) Despite the injury, he left the hospital.

예문 폭탄

1. **She is not interested in me / despite my wealth.**
   (그녀는 나한테 관심이 없어 / 내 많은 재산에도 불구하고.)

2. **He is positive / despite many problems.**
   (그는 긍정적이야 / 많은 문제들에도 불구하고.)

3. **We are not tired / despite the hard work.**
   (우리는 피곤하지 않아 / 그 힘든 일에도 불구하고.)

4. **I am not depressed / despite my low score.**
   (난 우울하지 않아 / 내 낮은 점수에도 불구하고.)

5. **She went to work / despite her bad condition.**
   (그녀는 출근했어 / 그녀의 나쁜 컨디션에도 불구하고.)

6. **They were not sad / despite their loss.**
   (그들은 슬프지 않았어 / 그들의 손실에도 불구하고.)

7. **I didn't give up / despite my bankruptcy.**
   (난 포기하지 않았어 / 내 파산에도 불구하고.)

8. **We are running / despite the rain.**
   (우린 달리고 있어 / 그 비에도 불구하고.)

9. **She is trying / despite her weakness.**
   (그녀는 노력하고 있어 / 그녀의 약점에도 불구하고.)

10. **I love you / despite your situation.**
    (난 널 사랑해 / 네 상황에도 불구하고.)

STEP 1

손영작 입영작 어순 훈련

막히지 않을 때까지 손영작 + 입영작 무한반복 하세요.

1 난 널 사랑하지 않아 / 네 사랑에도 불구하고.

_____ / _____

2 그는 낙제했어 / 내 도움에도 불구하고.

_____ / _____

3 그녀는 건강해 / 그녀의 나이에도 불구하고.

_____ / _____

4 그는 그 시험을 낙제했어 / 그의 노력에도 불구하고. ▶ 노력 effort

_____ / _____

5 난 행복하지 않아 / 내 돈에도 불구하고.

_____ / _____

6 난 일찍 일어났어 / 내 게으름에도 불구하고. ▶ 게으름 laziness

_____ / _____

7 그녀는 행복해 / 그녀의 실패에도 불구하고. ▶ 실패 failure

_____ / _____

8 그는 그의 꿈을 포기했어 / 우리의 지지에도 불구하고.

_____ / _____

9 난 나가고 싶지 않아 / 이 좋은 날씨에도 불구하고.

_____ / _____

10 그녀는 포기하지 않았어 / 그녀의 문제에도 불구하고.

_____ / _____

경고

WARNING

성급히 넘어가면 결국
또다시 왕초보 영어에
머물 것을 보장함

11 그는 울지 않았어 / 그의 고통에도 불구하고. ▶ 고통 pain

_____ / _____

12 난 학교에 갔어 / 내 컨디션에도 불구하고.

_____ / _____

13 그는 내게 거짓말했어 / 우리의 우정에도 불구하고. ▶ 우정 friendship

_____ / _____

14 난 지지 않았어 / 나의 부상에도 불구하고. ▶ 지다 lose ▶ 부상 injury

_____ / _____

15 그는 Gina에게 관심이 없어 / Gina의 아름다움에도 불구하고.

_____ / _____

16 그들은 날 따르지 않았어 / 내 리더십에도 불구하고.

_____ / _____

17 그녀는 날 믿지 않았어 / 내 약속에도 불구하고.

_____ / _____

18 난 계속 운전했어 / 그의 경고에도 불구하고. ▶ 경고 warning

_____ / _____

19 그녀는 겸손해 / 그녀의 성공에도 불구하고. ▶ 겸손한 humble

_____ / _____

20 그는 영어를 공부하지 않았어 / 내 충고에도 불구하고. ▶ 충고 advice

_____ / _____

빨간띠 2단 **159**

STEP 2

연기낭독 훈련

답을 맞춰 보며 상대방에게 이야기하듯 실감나게 낭독한 후 낭독 횟수를 체크하세요.

조용히, 억양 없이, 영혼 없이 낭독하면 공식으로만 남게 돼 매우 위험함.

		4회	8회	12회	16회	20회
1	I don't love you despite your love.	✓				
2	He failed despite my help.					
3	She is healthy despite her age.					
4	He failed the test despite his effort.					
5	I am not happy despite my money.					
6	I woke up early despite my laziness.					
7	She is happy despite her failure.					
8	He gave up his dream despite our support.					
9	I don't want to go out despite this good weather.					
10	She didn't give up despite her problem.					
11	He didn't cry despite his pain.					
12	I went to school despite my condition.					
13	He lied to me despite our friendship.					
14	I didn't lose despite my injury.					
15	He is not interested in Gina despite Gina's beauty.					
16	They didn't follow me despite my leadership.					
17	She didn't believe me despite my promise.					
18	I kept driving despite his warning.					
19	She is humble despite her success.					
20	He didn't study English despite my advice.					

입영작 영어회화 : 영어로 진짜 길게 말하기

STEP 3

입영작 마스터 훈련

조금 더 자연스러운 우리말 문장을 보고 실감나게 입영작하세요.

'걔'는 he가 될 수도 she가 될 수도 있으며 여러분의 선택입니다.

		1차	2차	3차
1	네 사랑에도 불구하고 난 널 사랑하지 않아.			
2	내 도움에도 불구하고 걔는 낙제했어.			
3	자기 연세에도 불구하고 그 분은 건강하셔.			
4	자기 노력에도 불구하고 걔는 그 시험을 낙제했어.			
5	내 돈에도 불구하고 난 행복하지 않아.			
6	내 게으름에도 불구하고 난 일찍 일어났어.			
7	자기 실패에도 불구하고 걔는 행복해.			
8	우리의 지지에도 불구하고 걔는 자기 꿈을 포기했어.			
9	이 좋은 날씨에도 불구하고 난 나가고 싶지 않아.			
10	자기 문제에도 불구하고 걔는 포기하지 않았어.			
11	자기 고통에도 불구하고 걔는 울지 않았어.			
12	내 컨디션에도 불구하고 난 학교에 갔어.			
13	우리 우정에도 불구하고 걔는 나한테 거짓말했어.			
14	내 부상에도 불구하고 난 지지 않았어.			
15	Gina의 아름다움에도 불구하고 걔는 Gina한테 관심이 없어.			
16	내 리더십에도 불구하고 걔네는 날 따르지 않았어.			
17	내 약속에도 불구하고 걔는 날 믿지 않았어.			
18	걔의 경고에도 불구하고 난 계속 운전했어.			
19	자기 성공에도 불구하고 걔는 겸손해.			
20	내 충고에도 불구하고 걔는 영어 공부를 하지 않았어.			

심하게 버벅거림 : 1점
버벅거림은 줄었으나 책 읽듯 어색함 : 3점
연기하듯 자연스러움 : 5점

TOTAL 1차 2차 3차

40점 이하 — 연기낭독 훈련 부터 다시
41~79점 — 입영작 마스터 훈련 재도전
80점 이상 — 빨간띠 2단 완성

I'LL KILL YOU IF YOU KISS ME!

키스하면 죽어!

 마유: 지수야, 눈 좀 감아 봐.
지수: 뭐 하려고?
마유: (미소)
지수: **키스하면 죽어.**

상황 지수는 마유가 키스하면 그를 죽일 거라고 경고하고 있습니다. 물론 마유가 '**키스한다면**'이라는 조건이 있습니다.

무기

[if] ~한다면

1 [if] 뒤에 따라오는 [평서문]에는 '~한다면'이라는 '조건'이 담겨 있습니다.

예) 삼겹살을 매일 먹으면, 넌 살이 찔 거야.
(You'll gain weight <u>if you eat pork belly every day</u>.)

문법을 공부 안 하면, 넌 영어를 할 수 없어.
(You can't speak English <u>if you don't study grammar</u>.)

배고프면 나한테 알려 줘.
(Let me know <u>if you're hungry</u>.)

2 [If 평서문]의 내용이 미래여도 미래형이 아닌 현재형을 씁니다.

예) 나 우리 형한테 전화할 거야 + 네가 날 때리면.
(I will call my brother + if you will hit me. (X) ➡ <u>if you hit me</u>. (O))

무기 사용법: [기본 문장] + [if 평서문]

이미 마음먹은 것의 진행
1. 나한테 키스하면 난 널 죽일 거야.
2. [난 널 죽일 거야] + [네가 나한테 키스하면].
   [I am going to kill you] + [if you kiss me].
3. I am going to kill you if you kiss me.

능력/가능성 (부정)
1. 문장들을 쓸 수 없으면 영어를 말할 수 없어.
2. [넌 영어를 말할 수 없어] + [네가 문장들을 쓸 수 없으면].
   [You can't speak English] + [if you can't write sentences].
3. You can't speak English if you can't write sentences.

명령
1. 그를 사랑하지 않으면 그를 보내 줘.
2. [그를 보내 줘] + [네가 그를 사랑하지 않으면].
   [Let him go] + [if you don't love him].
3. Let him go if you don't love him.

무기 UPGRADE
a. [if] 대신 [once]를 쓰면 '일단 ~하면'으로 다른 뉘앙스를 표현할 수 있음.
예) You can't come back once you leave this country. (일단 이 나라를 떠나면, 넌 돌아올 수 없어.)
b. [if 평서문]은 [기본 문장] 앞에 놓일 수도 있는데, 이런 경우엔 comma를 찍을 것.
예) If you kiss me, I'll kill you.

예문 폭탄

1. **Call me / if you are interested.**
   (나한테 전화해 / 네가 관심이 있으면.)

2. **Eat something / if you are hungry.**
   (뭔가를 먹어 / 네가 배가 고프면.)

3. **I will be sad / if she dumps me.**
   (난 슬플 거야 / 그녀가 날 차 버리면.)

4. **We will be happy / if you stay one more day.**
   (우린 행복할 거야 / 네가 하루 더 머문다면.)

5. **I will work harder / if they pay me more.**
   (난 더 열심히 일할 거야 / 그들이 내게 더 많이 지급한다면.)

6. **I am going to hire Warren / if Tyler leaves.**
   (난 Warren을 고용할 거야 / Tyler가 떠난다면.)

7. **She is going to move to Denmark / if she finds a job there.**
   (그녀는 덴마크로 이사할 거야 / 그녀가 거기에서 일을 찾으면.)

8. **We are going to come to your party / if she comes.**
   (우린 네 파티에 갈 거야 / 그녀가 온다면.)

9. **I can't finish this / if you don't help me.**
   (난 이걸 끝낼 수 없어 / 네가 날 도와주지 않으면.)

10. **He can't go to America / if they don't approve his visa.**
    (그는 미국에 갈 수 없어 / 그들이 그의 비자를 승인하지 않으면.)

STEP 1

손영작 입영작 어순 훈련

막히지 않을 때까지 손영작+입영작 무한반복 하세요.

1 우린 널 쏠 거야 / 네가 움직이면.　　　　　　　　　　　　　　　　　　　　　▶ 쏘다 shoot

_____ / _____

2 우리에게 전화해 / 네가 그를 찾으면.

_____ / _____

3 난 널 죽일 거야 / 네가 내 어머니를 건드리면.

_____ / _____

4 난 내 남자친구에게 말할 거야 / 네가 내게 다시 전화하면.

_____ / _____

5 난 영원히 후회할 거야 / 내가 지금 포기하면.　　　　　　　　　▶ 후회하다 regret　▶ 영원히 forever

_____ / _____

6 그는 여자친구를 찾을 수 있어 / 그가 살을 뺀다면.

_____ / _____

7 그녀는 영어를 말할 수 있어 / 그녀가 열심히 공부한다면.

_____ / _____

8 그들은 날 위해 일할 수 있어 / 그들이 이 시험을 패스한다면.

_____ / _____

9 우린 **Brad Pitt**을 볼 수 있어 / 우리가 할리우드로 이사한다면.

_____ / _____

10 그는 이 스마트폰을 살 수 있어 / 그가 돈을 모은다면.　　　　　　　　　▶ 저축하다, 모으다 save

_____ / _____

⚠ **WARNING** 성급히 넘어가면 결국 또다시 왕초보 영어에 머물 것을 보장함

11 난 내 직업을 잃을 수도 있어 / 그들이 **Helena**를 고용한다면.
_____ / _____

12 이것을 먹어 / 네가 배고프다면.
_____ / _____

13 난 너랑 헤어질 거야 / 네가 지금 내게 전화하지 않는다면. ▶ ~와 헤어지다 **break up with someone**
_____ / _____

14 난 이 에세이를 끝낼 수 없어 / 그녀가 날 도와주지 않는다면.
_____ / _____

15 우린 영어를 말할 수 없어 / 그가 우리를 가르쳐 주지 않는다면.
_____ / _____

16 난 내 가족을 부양할 수 없어 / 그들이 날 고용하지 않는다면. ▶ 부양하다 **support**
_____ / _____

17 넌 영어를 마스터할 수 없어 / 네가 문장들을 쓸 수 없다면. ▶ 쓰다 **write**
_____ / _____

18 난 부산으로 돌아갈 거야 / 내가 널 볼 수 없다면.
_____ / _____

19 러시아로 와 / 네가 날 찾고 싶다면.
_____ / _____

20 계속 꿈을 꿔 / 네가 부유해지고 싶다면. ▶ 계속 ~하다 **keep ~ing**
_____ / _____

빨간띠 3단 **165**

STEP 2

연기낭독 훈련

답을 맞춰 보며 상대방에게 이야기하듯 실감나게 낭독한 후 낭독 횟수를 체크하세요.

조용히, 억양 없이, 영혼 없이 낭독하면 공식으로만 남게 돼 매우 위험함.

		4회	8회	12회	16회	20회
1	We are going to shoot you if you move.	✓				
2	Call us if you find him.					
3	I will kill you if you touch my mother.					
4	I am going to tell my boyfriend if you call me again.					
5	I will regret forever if I give up now.					
6	He can find a girlfriend if he loses weight.					
7	She can speak English if she studies hard.					
8	They can work for me if they pass this test.					
9	We can see Brad Pitt if we move to Hollywood.					
10	He can buy this smart phone if he saves money.					
11	I can lose my job if they hire Helena.					
12	Eat this if you are hungry.					
13	I am going to break up with you if you don't call me now.					
14	I can't finish this essay if she doesn't help me.					
15	We can't speak English if he doesn't teach us.					
16	I can't support my family if they don't hire me.					
17	You can't master English if you can't write sentences.					
18	I am going to go back to Busan if I can't see you.					
19	Come to Russia if you want to find me.					
20	Keep dreaming if you want to be rich.					

입영작 영어회화 : 영어로 진짜 길게 말하기

STEP 3

입영작 마스터 훈련

조금 더 자연스러운 우리말 문장을 보고 실감나게 입영작하세요.

'걔'는 he가 될 수도 she가 될 수도 있으며 여러분의 선택입니다.

		1차	2차	3차
1	너 움직이면 우린 널 쏠 거야.			
2	너 걔 찾으면 우리한테 전화해.			
3	너 내 어머니 건드리면 난 널 죽일 거야.			
4	너 나한테 다시 전화하면 난 내 남자친구한테 말할 거야.			
5	내가 지금 포기하면 난 영원히 후회할 거야.			
6	걔는 살 빼면 여자친구 찾을 수 있어.			
7	걔는 열심히 공부하면 영어 말할 수 있어.			
8	걔네가 이 시험 패스하면 날 위해 일할 수 있어.			
9	우리 할리우드로 이사하면 Brad Pitt 볼 수 있어.			
10	걔는 돈 모으면 이 스마트폰 살 수 있어.			
11	걔네가 Helena를 고용하면 난 내 직업을 잃을 수도 있어.			
12	너 배고프면 이거 먹어.			
13	너 나한테 지금 전화하지 않으면 나 너랑 헤어질 거야.			
14	걔가 날 도와주지 않으면 난 이 에세이 끝마칠 수가 없어.			
15	걔가 우릴 가르쳐 주지 않으면 우린 영어를 말할 수가 없어.			
16	걔네가 날 고용하지 않으면 난 내 가족을 부양할 수가 없어.			
17	네가 문장들을 못 쓰면 넌 영어를 마스터할 수가 없어.			
18	내가 널 볼 수 없다면 난 부산으로 돌아갈 거야.			
19	네가 날 찾고 싶으면 러시아로 와.			
20	네가 부유해지고 싶으면 계속 꿈 꿔.			

심하게 버벅거림 : 1점
버벅거림은 줄었으나 책 읽듯 어색함 : 3점
연기하듯 자연스러움 : 5점

TOTAL 1차 2차 3차

40점 이하 — 연기낭독 훈련 부터 다시
41~79점 — 입영작 마스터 훈련 재도전
80점 이상 — 빨간띠 3단 완성

I DON'T KNOW IF SHE LIKES ME.

개가 날 좋아하는지 모르겠어.

 시형: 고민 있니, 내 친구?
마유: **윤진이가 날 좋아하는지 모르겠어.**
시형: 안 좋아한다니까?

상황 마유는 윤진이가 자신을 좋아하는지 (아닌지) '사실 여부'를 궁금해하고 있습니다.

무기

[if] ~한지 (아닌지) / ~인지 (아닌지)

---

1 이번 [if]는 '만약'이라는 '조건'이 아니라
'~한지 (아닌지) / ~인지 (아닌지)' 라는 '사실 여부'를 표현하는 무기입니다.

예) 이게 한정판인지 (아닌지) 아세요?
(Do you know if this is a limited edition?)

네 언니한테 언니가 내일 바쁜지 (아닌지) 물어봐.
(Ask your sister if she is busy tomorrow.)

2 문장 뒤에 [or not]을 추가하면 '아닌지'의 느낌을 확실하게 실어 줍니다.

예) Do you know + if this is new + or not?
(넌 아니 + 이게 새것인지 + 아닌지?)

무기 사용법: [문장] + [if 평서문]

현재 (부정)
1. 그녀가 날 좋아하는지 모르겠어.
2. [난 모르겠어] + [그녀가 날 좋아하는지].
   [I don't know] + [if she likes me].
3. I don't know if she likes me.

과거
1. 그녀는 내가 그녀를 좋아하는지 내게 물어봤어.
2. [그녀는 내게 물어봤어] + [내가 그녀를 좋아했는지 (아닌지)].
   [She asked me] + [if I liked her (or not)].
3. She asked me if I liked her.

질문
1. 넌 그가 여자친구가 있는지 아니?
2. [넌 아니] + [그가 여자친구가 있는지]?
   [Do you know] + [if he has a girlfriend]?
3. Do you know if he has a girlfriend?

무기 UPGRADE
[if] 대신 [whether]도 사용 가능.
예) I am not sure whether he likes me or not. (난 그가 날 좋아하는지 아닌지 확신이 없어.)

예문 폭탄

1. **I don't know / if she is single.**
   (난 모르겠어 / 그녀가 싱글인지.)

2. **We don't know / if Annie is a woman or not.**
   (우리는 몰라 / Annie가 여자인지 아닌지.)

3. **I am not sure / if he is married.**
   (난 확신 못하겠어 / 그가 결혼했는지.)

4. **I wonder / if they are husband and wife.**
   (난 궁금해 / 그들이 부부인지.)

5. **I asked her / if she was Korean.**
   (난 그녀에게 물어봤어 / 그녀가 한국인인지.)

6. **We were not sure / if he was Ricky.**
   (우리는 확신이 없었어 / 그가 Ricky인지.)

7. **Ask him / if he knows the answer.**
   (그에게 물어봐 / 그가 정답을 아는지.)

8. **Do you know / if they love each other?**
   (넌 아니 / 그들이 서로 사랑하는지?)

9. **Does she know / if this is true or not?**
   (그녀는 아니 / 이게 진실인지 아닌지?)

10. **Can you find out / if this is his car?**
    (넌 알아낼 수 있니 / 이게 그의 자동차인지?)

STEP 1

손영작 입영작 어순 훈련

막히지 않을 때까지 손영작+입영작 무한반복 하세요.

1 난 몰라 / 그가 한국인인지.

_____ / _____

2 난 몰라 / 이 케이크가 달콤한지.

_____ / _____

3 난 몰라 / 그가 내 케이크를 먹었는지.

_____ / _____

4 난 몰라 / **Frank**가 널 좋아하는지.

_____ / _____

5 난 몰라 / 그게 진실인지.

_____ / _____

6 난 기억이 안 나 / 내가 그 문을 잠갔는지.   ▶ 잠그다 **lock**

_____ / _____

7 난 기억이 안 나 / 우리가 오늘 시험이 있는지.

_____ / _____

8 우리는 기억이 안 나 / 그의 이름이 **Jeremy**였는지.

_____ / _____

9 난 확신이 없어 / 내가 널 좋아하는지.   ▶ 확신하는 **sure**

_____ / _____

10 난 확신이 없어 / 그녀가 나랑 동의하는지.   ▶ ~에 동의하다 **agree with someone**

_____ / _____

성급히 넘어가면 결국
또다시 왕초보 영어에
머물 것을 보장함

11 그녀는 확신이 없어 / 그녀가 날 사랑하는지.

_____ / _____

12 우린 확신이 없어 / 이 집이 비싼지.

_____ / _____

13 난 확신이 없어 / 그녀가 그녀의 가방을 팔았는지.

_____ / _____

14 넌 아니 / 그녀가 일본인인지 / 아닌지?

_____ / _____ / _____

15 넌 아니 / 이게 그의 지우개인지 / 아닌지?   ▶ 지우개 eraser

_____ / _____ / _____

16 넌 아니 / 그가 배우인지 / 아닌지?

_____ / _____ / _____

17 넌 기억하니 / 그가 널 때렸는지?

_____ / _____

18 넌 기억하니 / 네가 그 불들을 껐는지?   ▶ 끄다 turn off

_____ / _____

19 보자 / 걔가 이기는지.

_____ / _____

20 그녀에게 물어보자 / 그녀가 너를 좋아하는지.

_____ / _____

빨간띠 4단 **171**

STEP 2

연기낭독 훈련

답을 맞춰 보며 상대방에게 이야기하듯 실감나게 낭독한 후 낭독 횟수를 체크하세요.

조용히, 억양 없이, 영혼 없이 낭독하면 공식으로만 남게 돼 매우 위험함.

	4회	8회	12회	16회	20회
1 I don't know if he is Korean.	✓				
2 I don't know if this cake is sweet.					
3 I don't know if he ate my cake.					
4 I don't know if Frank likes you.					
5 I don't know if it's true.					
6 I don't remember if I locked the door.					
7 I don't remember if we have a test today.					
8 We don't remember if his name was Jeremy.					
9 I am not sure if I like you.					
10 I am not sure if she agrees with me.					
11 She is not sure if she loves me.					
12 We are not sure if this house is expensive.					
13 I am not sure if she sold her bag.					
14 Do you know if she is Japanese or not?					
15 Do you know if this is his eraser or not?					
16 Do you know if he is an actor or not?					
17 Do you remember if he hit you?					
18 Do you remember if you turned off the lights?					
19 Let's see if he wins.					
20 Let's ask her if she likes you.					

STEP 3

조금 더 자연스러운 우리말 문장을 보고 실감나게 입영작하세요.

'걔'는 he가 될 수도 she가 될 수도 있으며 여러분의 선택입니다.

1차 2차 3차

1. 난 걔가 한국인인지 몰라.
2. 난 이 케이크가 달콤한지 몰라.
3. 난 걔가 내 케이크 먹었는지 몰라.
4. 난 Frank가 널 좋아하는지 몰라.
5. 난 그게 진실인지 몰라.
6. 난 내가 그 문 잠갔는지 기억이 안 나.
7. 우리가 오늘 시험이 있는지 난 기억이 안 나.
8. 걔 이름이 Jeremy였는지 우린 기억이 안 나.
9. 난 내가 널 좋아하는지 확신이 없어.
10. 난 걔가 나랑 동의하는지 확신이 없어.
11. 걔는 자기가 날 사랑하는지 확신이 없어.
12. 우린 이 집이 비싼지 확신이 없어.
13. 난 걔가 자기 가방을 팔았는지 확신이 없어.
14. 너 걔가 일본인인지 아닌지 아니?
15. 너 이게 걔 지우개인지 아닌지 아니?
16. 너 걔가 배우인지 아닌지 아니?
17. 너 걔가 널 때렸는지 기억해?
18. 너 네가 그 불들을 껐는지 기억해?
19. 걔가 이기는지 보자.
20. 걔가 널 좋아하는지 걔한테 물어보자.

심하게 버벅거림 : 1점
버벅거림은 줄었으나 책 읽듯 어색함 : 3점
연기하듯 자연스러움 : 5점

TOTAL 1차 2차 3차

40점 이하 — 연기낭독훈련부터 다시
41~79점 — 입영작 마스터 훈련 재도전
80점 이상 — 빨간띠 4단 완성

I WON'T CARE EVEN IF SHE IS PRETTY.

개가 예쁘지라도 난 상관 안 할 거야.

 마유: 내 여동생 소개해 줄게. 나랑 안 닮았다니까?
경석: **개가 예쁠지라도 난 상관 안 할 거야.**
마유: 누가 예쁘대? 그냥 나랑 안 닮았다고.

상황 경석이는 마유의 여동생이 예쁠지 아닐지는 모르지만 '**혹시 예쁘더라도**' 상관없이 소개를 안 받을 거라고 주장하고 있습니다.

무기
[even if] ~일지라도

1. [even if]는 절대 [even though]와 비슷한 표현이 아닙니다.
   관계를 지으려 하면 더 혼돈이 올 수 있기 때문에 아예 다른 것이라고 생각하세요.

2. **[even though]** = ~인데도 불구하고 (이미 벌어졌거나 명백한 일에 대해)
   예) 난 그를 싫어하지 않아, 그가 날 싫어하는데도 불구하고.
   　　(I don't hate him <u>even though he hates me</u>.)
   → 그가 날 싫어하는 것은 이미 벌어진 명백한 사실. 예를 들어, 이미 나에게 대놓고 "네가 싫어"라고 말했음.

3. **[even if]** = ~일지라도 (아직 벌어지지 않았거나 확신이 없는 일에 대해)
   예) 난 그를 싫어하지 않을 거야, 그가 날 싫어할지라도.
   　　I won't hate him <u>even if he hates me</u>.
   → 그가 날 싫어하는지 아닌지 아직 확신이 없음. 예를 들어, 혹시 싫어할 수도 있다는 생각이 들지만 증거가 없음.

무기 사용법: [기본 문장] + [even if 평서문]

현재 (부정)
1. 그녀가 예쁠지라도 난 네 여동생에겐 관심이 없어.
2. [난 네 여동생에겐 관심이 없어] + [그녀가 예쁠지라도].
   [I am not interested in your sister] + [even if she is pretty].
3. I am not interested in your sister even if she is pretty.

명령 (부정)
1. 그게 쉽지 않을지라도 그녀에게 전화하지 마.
2. [그녀에게 전화하지 마] + [그게 쉽지 않을지라도].
   [Don't call her] + [even if it's not easy].
3. Don't call her even if it's not easy.

이미 마음먹은 것의 진행 (부정)
1. 네가 부유할지라도 난 너랑 결혼하지 않을 거야.
2. [난 너랑 결혼하지 않을 거야] + [네가 부유할지라도].
   [I am not going to marry you] + [even if you are rich].
3. I am not going to marry you even if you are rich.

무기 UPGRADE
[even if 평서문]이 [기본 문장] 앞에 놓을 수도 있는데, 이럴 경우엔 comma를 찍을 것.
예) Even if you leave us, we won't be sad. (네가 우리를 떠난다 할지라도 우린 슬퍼하지 않을 거야.)

예문 폭탄

1. **Don't run / even if you are late.**
   (달리지 마 / 네가 늦을지라도.)
2. **Don't cry / even if your life treats you hard.**
   (울지 마 / 네 삶이 널 힘들게 대할지라도.)
3. **Keep running / even if you fail.**
   (계속 달려 / 네가 실패할지라도.)
4. **I won't care / even if you leave me.**
   (난 상관하지 않을 거야 / 네가 날 떠날지라도.)
5. **They don't care / even if you quit.**
   (그들은 상관하지 않아 / 네가 관두더라도.)
6. **I will always be your fan / even if you get old.**
   (난 항상 네 팬일 거야 / 네가 나이 들어도.)
7. **I won't be happy / even if I become rich.**
   (난 행복하지 않을 거야 / 내가 부유해지더라도.)
8. **She won't cry / even if you die.**
   (그녀는 울지 않을 거야 / 네가 죽더라도.)
9. **I can get an A / even if I don't study.**
   (난 A를 받을 수 있어 / 내가 공부를 안 하더라도.)
10. **You can't be popular / even if you try.**
    (넌 인기가 있을 수 없어 / 네가 노력하더라도.)

STEP 1

손영작 입영작 어순 훈련

막히지 않을 때까지 손영작+입영작 무한반복 하세요.

1 난 널 사랑할거야 / 네가 날 떠날지라도.

_____ / _____

2 난 널 도와줄 거야 / 네가 날 좋아하지 않을지라도.

_____ / _____

3 난 여기에 있을 거야 / 네가 돌아오지 않을지라도.

_____ / _____

4 넌 F를 받을 거야 / 네가 네 에세이를 끝낼지라도.

_____ / _____

5 그들은 춤출 거야 / 네가 그들을 비웃을지라도.   ▶ ~를 비웃다 laugh at

_____ / _____

6 난 공부하지 않을 거야 / 네가 날 가르칠지라도.

_____ / _____

7 그녀는 널 보지 않을 거야 / 네가 여기서 기다릴지라도.

_____ / _____

8 난 행복하지 않을 거야 / 내가 부유해질지라도.

_____ / _____

9 난 슬프지 않을 거야 / 그가 오지 않을지라도.

_____ / _____

10 넌 행복하지 않을 거야 / 네가 그녀와 결혼할지라도.

_____ / _____

> **WARNING** 성급히 넘어가면 결국 또다시 왕초보 영어에 머물 것을 보장함

11 난 늦을 거야 / 내가 뛰더라도.

_____ / _____

12 난 울지 않을 거야 / 네가 죽을지라도.

_____ / _____

13 울지 마 / 내가 돌아오지 않을지라도.

_____ / _____

14 움직이지 마 / 그 곰이 움직일지라도.

_____ / _____

15 포기하지 마 / 그게 쉽지 않을지라도.

_____ / _____

16 난 거기 가고 싶어 / 비가 올지라도.

_____ / _____

17 난 수영하고 싶어 / 눈이 올지라도.

_____ / _____

18 난 다시 시도하고 싶어 / 내가 실패할지라도.

_____ / _____

19 넌 이 시험을 패스할 수 있어 / 네가 멍청할지라도.

_____ / _____

20 난 이걸 할 수 있어 / 네가 나와 동의하지 않을지라도.　　▶ ~와 동의하다 **agree with someone**

_____ / _____

STEP 2

연기낭독 훈련

답을 맞춰 보며 상대방에게 이야기하듯 실감나게 낭독한 후 낭독 횟수를 체크하세요.

조용히, 억양 없이, 영혼 없이 낭독하면 공식으로만 남게 돼 매우 위험함.

		4회	8회	12회	16회	20회
1	I will love you even if you leave me.	✓				
2	I will help you even if you don't like me.					
3	I will be here even if you don't come back.					
4	You will get an F even if you finish your essay.					
5	They will dance even if you laugh at them.					
6	I will not study even if you teach me.					
7	She will not see you even if you wait here.					
8	I will not be happy even if I become rich.					
9	I will not be sad even if he doesn't come.					
10	You will not be happy even if you marry her.					
11	I will be late even if I run.					
12	I will not cry even if you die.					
13	Don't cry even if I don't come back.					
14	Don't move even if the bear moves.					
15	Don't give up even if it's not easy.					
16	I want to go there even if it rains.					
17	I want to swim even if it snows.					
18	I want to try again even if I fail.					
19	You can pass this test even if you're stupid.					
20	I can do this even if you don't agree with me.					

입영작 영어회화 : 영어로 진짜 길게 말하기

STEP 3

 입영작 마스터 훈련

조금 더 자연스러운 우리말 문장을 보고 실감나게 입영작하세요.

'걔'는 he가 될 수도 she가 될 수도 있으며 여러분의 선택입니다.

		1차	2차	3차
1	네가 날 떠날지라도 난 널 사랑할 거야.			
2	네가 날 좋아하지 않을지라도 난 널 도와줄 거야.			
3	네가 돌아오지 않을지라도 난 여기 있을 거야.			
4	네가 네 에세이 끝마칠지라도 넌 F 받을 거야.			
5	네가 걔네를 비웃는다 할지라도 걔네는 춤출 거야.			
6	네가 날 가르쳐 줄지라도 난 공부하지 않을 거야.			
7	네가 여기서 기다린다 할지라도 걔는 널 보지 않을 거야.			
8	난 부유해질지라도 행복하지 않을 거야.			
9	걔가 오지 않을지라도 난 슬프지 않을 거야.			
10	넌 걔랑 결혼할지라도 행복하지 않을 거야.			
11	내가 달릴지라도 난 늦을 거야.			
12	난 네가 죽을지라도 울지 않을 거야.			
13	내가 돌아오지 않을지라도 울지 마.			
14	그 곰이 움직일지라도 움직이지 마.			
15	그게 쉽지 않을지라도 포기하지 마.			
16	비가 올지라도 난 거기 가고 싶어.			
17	눈이 올지라도 난 수영하고 싶어.			
18	내가 실패할지라도 난 다시 시도하고 싶어.			
19	네가 멍청할지라도 넌 이 시험 패스할 수 있어.			
20	네가 나랑 동의하지 않을지라도 난 이거 할 수 있어.			

심하게 버벅거림 : 1점
버벅거림은 줄었으나 책 읽듯 어색함 : 3점
연기하듯 자연스러움 : 5점

TOTAL 1차 ☐ 2차 ☐ 3차 ☐

40점 이하 연기낭독훈련 부터 다시
41~79점 입영작 마스터 훈련 재도전
80점 이상 빨간띠 5단 완성

빨간띠 6단

YOU DON'T HAVE TO SPEND ANY MONEY AS LONG AS I'M YOUR BOYFRIEND.

내가 네 남자친구인 이상 넌 돈 쓸 필요 없어.

 마유: 내가 네 남자친구인 이상 넌 돈 쓸 필요 없어.
바니: 너 일단 취직부터 하자.
마유: 맞네...

상황 바니가 돈 쓸 필요가 없기 위해선
마유가 남자친구여야 하는 '**조건**'이 '**유지**'되어야 합니다.

무기

[as long as]   ~하는 이상 / ~하는 한

 [as long as]는 어떤 조건이 '유지'되어야 함을 표현하는 무기입니다.
[as long as] 뒤에는 [평서문]이 따라옵니다.

예) 우리가 서로를 돕는 이상, 우린 그걸 해낼 수 있어.
   (We can do it <u>as long as we help each other</u>.)

   내가 살아 있는 한, 항상 널 사랑할게.
   (I will always love you <u>as long as I'm alive</u>.)

   네가 나타나는 이상, F는 안 받을 거야.
   (You won't get an F <u>as long as you show up</u>.)

무기 사용법

[기본 문장] + [as long as 평서문]

의무 (부정)
1. 네가 내 여자친구인 이상, 넌 네 돈을 쓰지 않아도 돼.
2. [너는 네 돈을 쓰지 않아도 돼] + [네가 내 여자친구인 이상].
   [You don't have to spend your money] + [as long as you are my girlfriend].
3. You don't have to spend your money as long as you are my girlfriend.

의지
1. 내가 여기서 일하는 이상, 나는 내 최선을 다할 거야.
2. [난 내 최선을 다할 거야] + [내가 여기서 일하는 이상].
   [I will do my best] + [as long as I work here].
3. I will do my best as long as I work here.

이미 마음먹은 것의 진행 (부정)
1. 그녀가 남자친구가 있는 이상, 난 그녀에게 전화하지 않을 거야.
2. [난 그녀에게 전화하지 않을 거야] + [그녀가 남자친구가 있는 이상].
   [I am not going to call her] + [as long as she has a boyfriend].
3. I am not going to call her as long as she has a boyfriend.

무기 UPGRADE
[as long as 평서문]이 [기본 문장] 앞에 놓일 수도 있는데, 이 경우엔 comma를 찍을 것.
예) As long as you live with me, you don't have to work. (네가 나랑 같이 사는 이상, 넌 일하지 않아도 돼.)

예문 폭탄

1. **I will be happy / as long as I have enough money.**
   (난 행복할 거야 / 내가 충분한 돈을 가지고 있는 이상.)

2. **I will be here / as long as you don't leave me.**
   (난 여기 있을 거야 / 네가 날 떠나지 않는 이상.)

3. **I won't be happy / as long as I am single.**
   (난 행복하지 않을 거야 / 내가 싱글인 이상.)

4. **I am going to work here / as long as he is the CEO.**
   (난 여기서 일할 거야 / 그가 CEO인 이상.)

5. **We are going to help them / as long as they pay us.**
   (우린 그들을 도와줄 거야 / 그들이 우리에게 지급하는 이상.)

6. **I am not going to date you / as long as you smoke.**
   (난 너랑 데이트하지 않을 거야 / 네가 흡연하는 이상.)

7. **You have to pay taxes / as long as you live in Korea.**
   (넌 세금을 내야만 해 / 네가 한국에 사는 이상.)

8. **You have to live in Hollywood / as long as you work for this company.**
   (넌 할리우드에서 살아야 해 / 네가 이 회사를 위해 일하는 이상.)

9. **You can use our service / as long as you pay for it.**
   (넌 우리 서비스를 사용해도 돼 / 네가 그것에 대해 지불하는 이상.)

10. **You can't have male friends / as long as you are my wife.**
    (당신은 남자 사람 친구들을 가질 수 없어 / 당신이 내 아내인 이상.)

STEP 1

손영작 입영작 어순 훈련

막히지 않을 때까지 손영작 + 입영작 무한반복 하세요.

1 난 항상 널 사랑할거야 / 네가 날 사랑하는 이상.

_____ / _____

2 난 너랑 머물 거야 / 네가 내 남자친구인 이상.

_____ / _____

3 난 너를 도와줄 거야 / 네가 내 친구인 이상.

_____ / _____

4 난 널 가르쳐 줄 거야 / 네가 날 따르는 이상.

_____ / _____

5 난 스웨덴에서 살 거야 / 내가 여기에 직업을 가지고 있는 이상.

_____ / _____

6 그건 쉬울 거야 / 네가 열심히 공부하는 이상.

_____ / _____

7 그녀는 너를 선택할 거야 / 그녀가 널 기억하는 이상.　　　　▶ 선택하다 **choose**

_____ / _____

8 그는 널 따를 거야 / 네가 그에게 돈을 주는 이상.

_____ / _____

9 그들은 너랑 일할 거야 / 네가 열심히 일하는 이상.

_____ / _____

10 난 네게 지불할 거야 / 내가 이 로고를 사용하는 이상.

_____ / _____

입영작 영어회화 : 영어로 진짜 길게 말하기

성급히 넘어가면 결국
또다시 왕초보 영어에
머물 것을 보장함

11 난 A들을 받을 수 있어 / 그가 날 가르쳐 주는 이상.

_____ / _____

12 난 여기에서 살 거야 / 내가 그 월세를 지불할 수 있는 이상. ▶ 월세 rent

_____ / _____

13 난 한국을 떠나지 않을 거야 / 내가 여기에 직업을 가지고 있는 이상.

_____ / _____

14 난 네게 전화하지 않을 거야 / 네가 여자친구를 가지고 있는 이상.

_____ / _____

15 난 포기하지 않을 거야 / 내가 숨쉬는 이상. ▶ 숨쉬다 breathe

_____ / _____

16 넌 영어를 마스터할 수 없어 / 네가 수줍어하는 이상.

_____ / _____

17 넌 살을 뺄 수 없어 / 네가 치킨을 먹는 이상.

_____ / _____

18 난 당신의 아내가 될 수 없어 / 당신이 내 상사인 이상.

_____ / _____

19 난 당신을 지지할 거야 / 당신이 내 남편인 이상.

_____ / _____

20 난 이 회사를 떠나지 않을 거야 / 그들이 내게 지불하는 이상.

_____ / _____

STEP 2

 연기낭독 훈련

답을 맞춰 보며 상대방에게 이야기하듯 실감나게 낭독한 후 낭독 횟수를 체크하세요.

조용히, 억양 없이, 영혼 없이 낭독하면 공식으로만 남게 돼 매우 위험함.

		4회	8회	12회	16회	20회
1	I will always love you as long as you love me.	✓				
2	I will stay with you as long as you are my boyfriend.					
3	I will help you as long as you are my friend.					
4	I will teach you as long as you follow me.					
5	I will live in Sweden as long as I have a job here.					
6	It will be easy as long as you study hard.					
7	She will choose you as long as she remembers you.					
8	He will follow you as long as you give him money.					
9	They will work with you as long as you work hard.					
10	I will pay you as long as I use this logo.					
11	I can get As as long as he teaches me.					
12	I am going to live here as long as I can pay the rent.					
13	I am not going to leave Korea as long as I have a job here.					
14	I am not going to call you as long as you have a girlfriend.					
15	I am not going to give up as long as I breathe.					
16	You can't master English as long as you are shy.					
17	You can't lose weight as long as you eat chicken.					
18	I can't be your wife as long as you are my boss.					
19	I am going to support you as long as you are my husband.					
20	I won't leave this company as long as they pay me.					

STEP 3

입영작 마스터 훈련

조금 더 자연스러운 우리말 문장을 보고 실감나게 입영작하세요.

'걔'는 he가 될 수도 she가 될 수도 있으며 여러분의 선택입니다.

		1차	2차	3차
1	네가 날 사랑하는 이상, 난 항상 널 사랑할 거야.			
2	네가 내 남자친구인 이상, 난 너랑 머물 거야.			
3	네가 내 친구인 이상, 난 널 도와줄 거야.			
4	네가 날 따르는 이상, 난 널 가르쳐 줄 거야.			
5	내가 여기에 직업을 가지고 있는 이상, 난 스웨덴에서 살 거야.			
6	네가 열심히 공부하는 이상, 그건 쉬울 거야.			
7	걔가 널 기억하는 이상, 걔는 너를 선택할 거야.			
8	네가 걔한테 돈을 주는 이상, 걔는 널 따를 거야.			
9	네가 열심히 일하는 이상, 걔네는 너랑 일할 거야.			
10	내가 이 로고를 쓰는 이상, 난 네게 지불할 거야.			
11	걔가 날 가르쳐 주는 이상, 난 A들을 받을 수 있어.			
12	내가 그 월세를 지불할 수 있는 이상, 난 여기서 살 거야.			
13	내가 여기에 직업을 가지고 있는 이상, 난 한국을 떠나지 않을 거야.			
14	네가 여자친구가 있는 이상, 난 너한테 전화하지 않을 거야.			
15	내가 숨쉬는 이상, 난 포기하지 않을 거야.			
16	네가 수줍어하는 이상, 넌 영어를 마스터할 수가 없어.			
17	네가 치킨을 먹는 이상, 넌 살을 뺄 수가 없어.			
18	당신이 내 상사인 이상, 난 당신 아내가 될 수가 없어.			
19	당신이 내 남편인 이상, 난 당신을 지지할 거야.			
20	걔네가 내게 지불하는 이상, 난 이 회사를 떠나지 않을 거야.			

심하게 버벅거림 : 1점
버벅거림은 줄었으나 책 읽듯 어색함 : 3점
연기하듯 자연스러움 : 5점

TOTAL 1차 2차 3차

40점 이하 — 연기낭독 훈련 부터 다시
41~79점 — 입영작 마스터 훈련 재도전
80점 이상 — 빨간띠 6단 완성

I WON'T EAT IT UNLESS IT'S A CHOCOLATE FLAVOR.

초콜릿 맛 아닌 이상 그거 안 먹을래.

마유: 아이스크림 사 왔어.
지나: 나 입맛 까다로운 거 몰라? 초콜릿 맛 아닌 이상 그거 안 먹을래.
마유: 그럴까 봐, 네 거는 안 사 왔어.

상황 지나는 '초콜릿 맛이 아닌 이상'이라는 부정이 들어간 '조건'을 제시하고 있습니다.

무기

[unless] ~가 아닌 이상 / ~가 아닌 한

---

1 [unless]는 단어 자체에 이미 '~가 아닌'이라는 뜻이 포함되면서, 부정이 들어간 '조건'을 표현합니다. [unless] 뒤에는 [평서문]이 따라옵니다.

예) 네가 피곤하지 않은 이상 놀자.
(Let's hang out unless you're tired.)

네가 변하지 않는 이상 난 널 다신 보지 않을 거야.
(I won't see you again unless you change.)

네가 바쁘지 않은 이상 얘기 좀 하자.
(Let's talk unless you're busy.)

무기 사용법: [기본 문장] + [unless 평서문]

권유
1. 우리가 급하지 않은 이상, 버스를 타자.
2. [버스를 타자] + [우리가 급하지 않은 이상].
   [Let's take a bus] + [unless we are in a hurry].
3. Let's take a bus unless we are in a hurry.

명령
1. 지금 떠나야 하지 않은 이상, 네 숙제를 끝내.
2. [네 숙제를 끝내] + [네가 지금 떠나야 하지 않은 이상].
   [Finish your homework] + [unless you have to leave now].
3. Finish your homework unless you have to leave now.

능력/가능성 (부정)
1. 네가 수퍼맨이 아닌 이상, 넌 이 트럭을 옮길 수 없어.
2. [넌 이 트럭을 옮길 수 없어] + [네가 수퍼맨이 아닌 이상].
   [You can't move this truck] + [unless you are Superman].
3. You can't move this truck unless you are Superman.

무기 UPGRADE
입영작 훈련 시 [unless]에 강하게 억양을 주면 흡수율 300% 증가!
[unless 평서문]은 [기본 문장] 앞에 놓일 수도 있는데, 이런 경우엔 comma를 찍을 것.
예) Unless you are interested in this item, don't touch it. (이 아이템에 관심 있지 않은 이상 그거 만지지 마.)

예문 폭탄

1. **Come to work / unless you're really sick.**
   (출근해 / 네가 정말 아프지 않은 이상.)

2. **Try this pork / unless you're a vegetarian.**
   (이 돼지고기를 먹어 봐 / 네가 채식주의자가 아닌 이상.)

3. **Don't eat after 7 / unless you're really hungry.**
   (7시 이후에 먹지 마 / 네가 정말 배고프지 않은 이상.)

4. **Don't skip breakfast / unless you're really busy.**
   (아침 식사를 거르지 마 / 네가 정말 바쁘지 않은 이상.)

5. **You can stay with me / unless you snore.**
   (넌 나랑 머물러도 돼 / 네가 코를 골지 않는 이상.)

6. **You can't use this restroom / unless you are a woman.**
   (넌 이 화장실을 사용할 수 없어 / 네가 여자가 아닌 이상.)

7. **I want to use your service / unless it's expensive.**
   (난 네 서비스를 이용하고 싶어 / 그게 비싸지 않은 이상.)

8. **I don't want to park here / unless it's free.**
   (난 여기 주차하고 싶지 않아 / 그게 무료가 아닌 이상.)

9. **Let's talk / unless you feel uncomfortable.**
   (얘기하자 / 네가 불편하게 느끼지 않는 이상.)

10. **Let's go home / unless we have something to do.**
    (집에 가자 / 우리가 뭔가 할 게 있지 않은 이상.)

STEP 1

손영작 입영작 어순 훈련

막히지 않을 때까지 손영작＋입영작 무한반복 하세요.

1 이 박스 좀 날라 / 네가 바쁘지 않은 이상.　　　▶ 나르다 **carry**

_____ / _____

2 영어를 열심히 공부해 / 네가 천재가 아닌 이상.　　　▶ 천재 **genius**

_____ / _____

3 열심히 일해 / 네가 부유하지 않은 이상.

_____ / _____

4 물 마시지 마 / 네가 목마르지 않은 이상.

_____ / _____

5 내게 전화하지 마 / 네가 날 필요로 하지 않는 이상.

_____ / _____

6 결석하지 마 / 네가 아프지 않은 이상.　　　▶ 결석하다 **be absent**

_____ / _____

7 집에 가지 마 / 네가 피곤하지 않은 이상.

_____ / _____

8 그에게 전화하지 마 / 그가 네게 전화하지 않는 이상.

_____ / _____

9 그를 용서하지 마 / 그가 사과하지 않는 이상.　　　▶ 사과하다 **apologize**

_____ / _____

10 뛰지 마 / 그 곰이 움직이지 않는 이상.

_____ / _____

경고 WARNING 성급히 넘어가면 결국 또다시 왕초보 영어에 머물 것을 보장함

11 그를 때리지 마 / 그가 널 때리지 않는 이상.

_____ / _____

12 이 책을 사지 마 / 네가 공부하고 싶지 않은 이상.

_____ / _____

13 나중에 먹자 / 네가 지금 배고프지 않은 이상.

_____ / _____

14 점심 식사를 하자 / 네가 바쁘지 않은 이상.

_____ / _____

15 난 그녀를 도와주지 않을 거야 / 그녀가 네 친구가 아닌 이상.

_____ / _____

16 난 이 시험을 패스할 수 없어 / 네가 날 도와주지 않는 이상.

_____ / _____

17 우린 이길 수 없어 / 그가 돌아오지 않는 이상.

_____ / _____

18 넌 영어를 배울 수 없어 / 네가 열심히 연습하지 않는 이상.

_____ / _____

19 그는 이 정장을 입을 수 없어 / 그가 살을 빼지 않는 이상.   ▶ 정장 suit

_____ / _____

20 그들은 여기에서 일할 수 없어 / 그들이 영어를 말하지 않는 이상.

_____ / _____

STEP 2

연기낭독 훈련

답을 맞춰 보며 상대방에게 이야기하듯 실감나게 낭독한 후 낭독 횟수를 체크하세요.

조용히, 억양 없이, 영혼 없이 낭독하면 공식으로만 남게 돼 매우 위험함.

		4회	8회	12회	16회	20회
1	Carry this box unless you're busy.	✓				
2	Study English hard unless you're a genius.					
3	Work hard unless you are rich.					
4	Don't drink water unless you are thirsty.					
5	Don't call me unless you need me.					
6	Don't be absent unless you are sick.					
7	Don't go home unless you are tired.					
8	Don't call him unless he calls you.					
9	Don't forgive him unless he apologizes.					
10	Don't run unless the bear moves.					
11	Don't hit him unless he hits you.					
12	Don't buy this book unless you want to study.					
13	Let's eat later unless you're hungry now.					
14	Let's have lunch unless you are busy.					
15	I will not help her unless she is your friend.					
16	I can't pass this test unless you help me.					
17	We can't win unless he comes back.					
18	You can't learn English unless you practice hard.					
19	He can't wear this suit unless he loses weight.					
20	They can't work here unless they speak English.					

입영작 영어회화 : 영어로 진짜 길게 말하기

STEP 3  입영작 마스터 훈련

조금 더 자연스러운 우리말 문장을 보고 실감나게 입영작하세요.

'걔'는 he가 될 수도 she가 될 수도 있으며 여러분의 선택입니다.

		1차	2차	3차
1	너 바쁘지 않은 이상, 이 박스 좀 날라.			
2	네가 천재가 아닌 이상, 열심히 영어 공부해.			
3	네가 부유하지 않은 이상, 열심히 일해.			
4	너 목마르지 않은 이상, 물 마시지 마.			
5	네가 날 필요로 하지 않는 이상, 나한테 전화하지 마.			
6	네가 아프지 않은 이상, 결석하지 마.			
7	너 피곤하지 않은 이상, 집에 가지 마.			
8	걔가 너한테 전화하지 않는 이상, 걔한테 전화하지 마.			
9	걔가 사과하지 않는 이상, 걔를 용서하지 마.			
10	그 곰이 움직이지 않는 이상, 뛰지 마.			
11	걔가 널 때리지 않는 이상, 걔를 때리지 마.			
12	네가 공부하고 싶지 않은 이상, 이 책 사지 마.			
13	너 지금 배고프지 않은 이상, 나중에 먹자.			
14	너 바쁘지 않은 이상 우리 점심 먹자.			
15	걔가 네 친구가 아닌 이상, 난 걔 도와주지 않을 거야.			
16	네가 날 도와주지 않는 이상, 나 이 시험 패스 못해.			
17	걔가 돌아오지 않는 이상, 우린 못 이겨.			
18	네가 열심히 연습하지 않는 이상, 너 영어 못 배워.			
19	걔가 살 빼지 않는 이상, 걔는 이 정장 못 입어.			
20	걔네가 영어를 말하지 않는 이상, 걔네는 여기서 일 못해.			

심하게 버벅거림 : 1점
버벅거림은 줄었으나 책 읽듯 어색함 : 3점
연기하듯 자연스러움 : 5점

TOTAL 1차 □ 2차 □ 3차 □

40점 이하 — 연기낭독 훈련 부터 다시
41~79점 — 입영작 마스터 훈련 재도전
80점 이상 — 빨간띠 7단 완성

I DON'T CARE WHETHER HE COMES OR NOT.

걔가 오든 말든 난 상관 안 해.

 마유: 유림이 결혼식에 네 전 남자친구도 오는 거 알고 있었어?
효림: 알고는 있었는데, **걔가 오든 말든 난 상관 안 해.**
마유: 그러면서 화장은 왜 신부보다 더 진해?

상황 효림이는 자신의 전 남자친구가 '오든 말든 상관없다'고 주장하고 있습니다.

무기

[whether ~ or not] ~이든 아니든

---

1 [whether or not]은 어떤 일이 벌어지든 말든 상관없다는 뉘앙스를 표현하는 무기입니다. [whether] 뒤에는 [평서문]이 들어갑니다.

예) 네가 남자친구가 있든 없든 난 상관 안 해.
(I don't care whether you have a boyfriend or not.)

눈이 오든 말든 난 하이힐을 신을 거야.
(I am going to wear high heels whether it snows or not.)

그들이 날 놀리든 말든 난 분홍색 셔츠를 입을 거야.
(I am going to wear a pink shirt whether they make fun of me or not.)

＊ 손영작 할 때 [whether]의 스펠링을 [weather (날씨)]와 헷갈리지 않도록 주의하세요.

무기 사용법
[기본 문장] + [whether 평서문 or not]

현재 (부정)
1. 그가 오든 말든 난 상관 안 해.
2. [난 상관 안 해] + [그가 오든 말든].
   [I don't care] + [whether he comes or not].
3. I don't care whether he comes or not.

능력/가능성
1. 그녀가 예쁘든 말든 난 그녀를 내 여자친구로 만들 수 있어.
2. [난 그녀를 내 여자친구로 만들 수 있어] + [그녀가 예쁘든 말든].
   [I can make her my girlfriend] + [whether she is pretty or not].
3. I can make her my girlfriend whether she is pretty or not.

이미 마음 먹은 것의 진행
1. 그들이 오든 말든 난 지금 떠날 거야.
2. [난 지금 떠날 거야] + [그들이 오든 말든].
   [I am going to leave now] + [whether they come or not].
3. I am going to leave now whether they come or not.

무기 UPGRADE
[whether 평서문 or not]은 [기본 문장] 앞에 놓일 수도 있는데, 이때는 comma를 찍을 것.
예) Whether you like it or not, I don't care. (네가 그걸 좋아하든 말든 난 상관 안 해.)

예문 폭탄

1. I don't care / whether they like my song or not.
   (난 상관 안 해 / 그들이 내 노래를 좋아하든 말든.)

2. I don't mind / whether you sit here or not.
   (난 꺼리지 않아 / 네가 여기 앉든 말든.)

3. I can talk to you / whether Grace is here or not.
   (난 너랑 얘기할 수 있어 / Grace가 여기 있든 없든.)

4. We can start this business / whether we have money or not.
   (우린 이 사업을 시작할 수 있어 / 우리가 돈이 있든 없든.)

5. He can't join us / whether he has a good idea or not.
   (그는 우리와 합류할 수 없어 / 그가 좋은 아이디어가 있든 없든.)

6. I want to be a singer / whether my father approves it or not.
   (난 가수가 되고 싶어 / 내 아버지가 그걸 허락하든 말든.)

7. You have no choice / whether you like it or not.
   (넌 선택권이 없어 / 네가 그걸 좋아하든 말든.)

8. I am going to marry her / whether they like me or not.
   (난 그녀와 결혼할 거야 / 그들이 날 좋아하든 말든.)

9. I am going to do this / whether he supports me or not.
   (난 이걸 할 거야 / 그가 날 지지하든 말든.)

10. I have to drive / whether I am tired or not.
    (난 운전을 해야만 해 / 내가 피곤하든 말든.)

STEP 1

손영작 입영작 어순 훈련

막히지 않을 때까지 손영작 + 입영작 무한반복 하세요.

1 난 상관 안 해 / 네가 오든 말든.

_____ / _____

2 난 상관 안 해 / 그녀가 울든 말든.

_____ / _____

3 난 이 시험을 패스할 수 있어 / 내가 공부하든 안 하든.

_____ / _____

4 그건 네 선택이 아니야 / 네가 그걸 원하든 말든.   ▶ 선택 **choice**

_____ / _____

5 넌 늦을 거야 / 네가 뛰든 말든.

_____ / _____

6 난 널 찾을 수 있어 / 네가 숨든 말든.   ▶ 숨다 **hide**

_____ / _____

7 난 학교에 가야만 해 / 비가 오든 말든.

_____ / _____

8 우린 직장에 가야만 해 / 눈이 오든 말든.

_____ / _____

9 우린 떠날 거야 / 네가 준비되어 있든 아니든.   ▶ 준비된 **ready**

_____ / _____

10 난 졸업할 수 없어 / 내가 이 시험을 패스하든 말든.

_____ / _____

성급히 넘어가면 결국 또다시 왕초보 영어에 머물 것을 보장함

| 11 | 난 늦을 거야 / 내가 택시를 타든 말든. | ▶ 택시를 타다 take a taxi |

_____ / _____

| 12 | 우리의 서비스는 무료야 / 네가 이 차를 사든 말든. | ▶ 무료인 free |

_____ / _____

| 13 | 난 시도하고 싶어 / 그게 가능하든 말든. | ▶ 가능한 possible |

_____ / _____

| 14 | 나에 대해 걱정하지 마 / 내가 돌아오든 말든. | ▶ 걱정하다 worry |

_____ / _____

| 15 | 난 널 초대할 거야 / 네가 스케줄이 있든 말든. | ▶ 스케줄 schedule |

_____ / _____

| 16 | 난 항상 그를 사랑할 거야 / 그가 돈을 가지고 있든 말든.

_____ / _____

| 17 | 난 상관 안 해 / 네가 못생겼든 아니든.

_____ / _____

| 18 | 그건 중요하지 않아 / 그가 부유하든 말든. | ▶ 중요하다 matter |

_____ / _____

| 19 | 난 일해야만 해 / 오늘이 토요일이든 아니든.

_____ / _____

| 20 | 난 포기하지 않을 거야 / 이게 어렵든 아니든.

_____ / _____

빨간띠 8단

STEP 2

연기낭독 훈련

답을 맞춰 보며 상대방에게 이야기하듯 실감나게 낭독한 후 낭독 횟수를 체크하세요.

조용히, 억양 없이, 영혼 없이 낭독하면 공식으로만 남게 돼 매우 위험함.

| | | 4회 | 8회 | 12회 | 16회 | 20회 |

1. I don't care whether you come or not.
2. I don't care whether she cries or not.
3. I can pass this test whether I study or not.
4. It's not your choice whether you want it or not.
5. You will be late whether you run or not.
6. I can find you whether you hide or not.
7. I have to go to school whether it rains or not.
8. We have to go to work whether it snows or not.
9. We are going to leave whether you are ready or not.
10. I can't graduate whether I pass this test or not.
11. I will be late whether I take a taxi or not.
12. Our service is free whether you buy this car or not.
13. I want to try whether it's possible or not.
14. Don't worry about me whether I come back or not.
15. I will invite you whether you have a schedule or not.
16. I will always love him whether he has money or not.
17. I don't care whether you are ugly or not.
18. It doesn't matter whether he is rich or not.
19. I have to work whether today is Saturday or not.
20. I will not give up whether this is difficult or not.

STEP 3

입영작 마스터 훈련

조금 더 자연스러운 우리말 문장을 보고 실감나게 입영작하세요.

'걔'는 he가 될 수도 she가 될 수도 있으며 여러분의 선택입니다.

		1차	2차	3차
1	네가 오든 말든, 난 상관 안 해.			
2	걔가 울든 말든, 난 상관 안 해.			
3	내가 공부하든 안 하든, 나 이 시험 패스할 수 있어.			
4	네가 그걸 원하든 말든, 그건 네 선택이 아니야.			
5	네가 뛰든 말든, 넌 늦을 거야.			
6	네가 숨든 말든, 나 너 찾을 수 있어.			
7	비가 오든 말든, 나 학교에 가야만 해.			
8	눈이 오든 말든, 우리 출근해야만 해.			
9	네가 준비됐든 안 됐든, 우리 떠날 거야.			
10	내가 이 시험 패스하든 말든, 난 졸업 못 해.			
11	내가 택시를 타든 말든, 난 늦을 거야.			
12	네가 이 차를 사든 말든, 우리 서비스는 무료야.			
13	그게 가능하든 말든, 난 시도하고 싶어.			
14	내가 돌아오든 말든, 나에 대해 걱정하지 마.			
15	네가 스케줄이 있든 말든, 난 널 초대할 거야.			
16	걔가 돈이 있든 없든, 난 항상 걔를 사랑할 거야.			
17	네가 못생겼든 아니든, 난 상관 안 해.			
18	걔가 부유하든 말든, 그건 중요하지 않아.			
19	오늘이 토요일이든 아니든, 나 일해야만 해.			
20	이게 어렵든 아니든, 난 포기하지 않을 거야.			

심하게 버벅거림 : 1점
버벅거림은 줄었으나 책 읽듯 어색함 : 3점
연기하듯 자연스러움 : 5점

TOTAL 1차 2차 3차

40점 이하 — 연기낭독 훈련 부터 다시
41~79점 — 입영작 마스터 훈련 재도전
80점 이상 — 빨간띠 8단 완성

영어 청취 천기누설
부제 : 여러분이 자막 없이 미드를 보고 싶으시다면

우리가 영어를 들을 때, 다음과 같은 일이 차례로 벌어집니다.
1단계 : 외부에서 소리가 발생함
2단계 : 고막이 울림
3단계 : 뇌로 소리가 전달됨
4단계 : 뇌가 소리를 정보로 전환시킴

귀에 특별한 문제가 있지 않은 이상, 3단계까지는 그 누구도 문제를 겪지 않습니다.
여러분의 고막은 분명 스스로의 임무를 잘 수행하고 있기 때문이지요.

문제는 마지막 4단계에서 소리를 정보로 전환시키는 힘이 부족하다는 것입니다.
이 힘은 (스피킹을 마스터할 때와 마찬가지로) 오직 어휘, 문법, 문장 구조 등 '근본적인 문제'를 해결해야만 길러질 수 있는데,
안타깝게도 이를 '소리 인지'의 문제로 착각하는 분들이 있습니다.

이런 착각에서 비롯된 대표적인 실수들:
- 받아쓰기와 발음 교정에 집착. (정말 많이 집착)
- 문법은 무시해도 된다는 자기 합리화를 한 번 더. (스피킹 때와 마찬가지로)
- 아이가 옹알이하듯 소리를 흉내내다 보면 어느 순간 귀가 탁 트인다고 착각.

미국에서 태어나 자란 사람이 영국인 말투를 가진 사람과도 소통할 수 있는 이유는?
서울에서 태어나 자란 사람이 부산 사투리를 듣고도 내용을 유추할 수 있는 이유는?
이미 강력하게 자리잡은 **문장 이해력** 덕분입니다.

그러므로, 여러분이 앞으로 집중해야 것들은
- 어휘, 문법 등 '근본적인 문제'를 해결할 것.
- 독해량을 늘려 '문장 구조 이해'에 힘쓸 것. (읽기와 듣기는 둘 다 **입력 채널**)
- 발음 교정은 이득은 되나 집착하지는 말 것. (스크립트 분석 후 낭독으로 마무리하는 정도를 추천)

– 마스터유진

품띠 1단

TAKE THIS UMBRELLA IN CASE IT RAINS.

비 올 거 대비해서 이 우산 가져가.

사용빈도 ★★
난이도 ★★★

어머니: 비 올 거 대비해서 이 우산 가져가렴.
마유: 에이, 안 와요. (이럼 꼭 옴)

상황) 어머니는 비가 올 가능성에 대해 '미리 대비'하라고 말씀하고 계십니다.

무기
[in case] ~할 경우를 대비해서

1 [in case]는 앞으로 벌어질 수도 있는 일을 '미리 대비'하라고 표현하는 무기입니다.
   [in case] 뒤에는 [평서문]이 옵니다.

   예) 추워질 경우를 대비해서 어그 부츠를 신고 나가.
   (Wear Uggs in case it gets cold.)

   배고파질 경우를 대비해서 이 바나나를 가져가.
   (Take this banana in case you get hungry.)

2 [in case 평서문]은 아직 벌어지지 않은 내용을 담고 있지만
   여전히 현재형을 씁니다.

   예) 이 우산을 가져가 + 눈이 올 경우를 대비해서.
   (Take this umbrella + in case it will snow (X). ➔ in case it snows. (O))

무기 사용법: [기본 문장] + [in case 평서문]

명령
1. 그녀가 너한테 물어볼 것을 대비해서 이걸 외워.
2. [이걸 외워] + [그녀가 너한테 물어볼 것을 대비해서].
   [Memorize this] + [in case she asks you].
3. Memorize this in case she asks you.

have p.p.
1. 비가 올 것을 대비해서 내가 우산을 가져왔어.
2. [내가 우산을 가져왔어] + [비가 올 것을 대비해서].
   [I have brought an umbrella] + [in case it rains].
3. I have brought an umbrella in case it rains.

명령
1. 두통이 있을 것을 대비해서 이 알약을 복용해.
2. [이 알약을 복용해] + [두통이 있을 것을 대비해서].
   [Take this pill] + [in case you have a headache].
3. Take this pill in case you have a headache.

무기 UPGRADE: [in case 평서문]은 [기본 문장] 앞에 놓일 수도 있는데, 이런 경우엔 **comma**를 찍을 것.
예) In case it gets cold, take this scarf. (추워질 것 대비해서 이 스카프 가져가.)

예문 폭탄

1. **Master English / in case they send you to America.**
   (영어를 마스터해 / 그들이 널 미국으로 보낼 것을 대비해서.)

2. **Study this article / in case they ask you about it.**
   (이 기사를 공부해 / 그들이 네게 그것에 관해 물어볼 것을 대비해서.)

3. **Buy this house / in case its price goes up.**
   (이 집을 사 / 그것의 가격이 오를 것을 대비해서.)

4. **Wait for 5 more minutes / in case he shows up.**
   (5분 더 기다려 / 그가 나타날 것을 대비해서.)

5. **Take your glasses / in case you need them.**
   (네 안경을 가져가 / 네가 그걸 필요로 할 것을 대비해서.)

6. **Drink some water / in case you get thirsty.**
   (물을 좀 마셔 / 네가 목이 마르게 될 것을 대비해서.)

7. **Use this restroom now / in case there's no restroom in the concert hall.**
   (지금 이 화장실을 써 / 그 콘서트 홀 안에 화장실이 없을 것을 대비해서.)

8. **Charge your battery / in case it runs out.**
   (네 배터리를 충전해 / 그게 다 떨어질 것을 대비해서.)

9. **Let's eat something / in case there's no rest area.**
   (뭔가 먹자 / 휴게소가 없을 것을 대비해서.)

10. **Let's not take our cars / in case we drink.**
    (우리 차들을 가져가지 말자 / 우리가 마실 것을 대비해서.)

STEP 1

손영작 입영작 어순 훈련

막히지 않을 때까지 손영작+입영작 무한반복 하세요.

1. 내가 너한테 상기시켜 줄게 / 네가 잊을 것을 대비해서.   ▶ ~에게 상기시키다 remind

   _____ / _____

2. 여기에서 기다려 / 그녀가 나타날 것을 대비해서.   ▶ 나타나다 show up

   _____ / _____

3. 내게 전화해 / 내가 잊을 것을 대비해서.

   _____ / _____

4. 이 문장을 연습해 / 그가 물어볼 것을 대비해서.

   _____ / _____

5. 네 차를 가져와 / 우리가 늦게 도착할 것을 대비해서.   ▶ 가져오다 bring

   _____ / _____

6. 우리 집을 팔지 마 / 내가 돌아올 것을 대비해서.

   _____ / _____

7. 돈을 모아 / 네가 실패할 것을 대비해서.

   _____ / _____

8. 이 면접에 가 / 그들이 널 해고할 것을 대비해서.

   _____ / _____

9. 내 전화번호를 외워 / 네가 네 전화기를 잃어 버릴 것을 대비해서.   ▶ 외우다 memorize

   _____ / _____

10. 이 우산을 가져가 / 비가 올 것을 대비해서.   ▶ 가져가다 take

    _____ / _____

성급히 넘어가면 결국
또다시 왕초보 영어에
머물 것을 보장함

11　이 부츠를 신어 / 눈이 올 것을 대비해서.

　　_____ / _____

12　이 충전기를 가져가 / 네 배터리가 나갈 것을 대비해서.　　▶ 충전기 charger　▶ 배터리 등이 나가다 die

　　_____ / _____

13　반지도 사 / 그녀가 이 선물을 좋아하지 않을 것을 대비해서.

　　_____ / _____

14　이 보험 상품을 사 / 네 컴퓨터가 부서질 것을 대비해서.　　▶ 보험 상품 insurance plan　▶ 부서지다 break

　　_____ / _____

15　지금 자 / 우리가 일찍 일어나야 할 것을 대비해서.

　　_____ / _____

16　이 마스크를 써 / 그들이 널 알아볼 것을 대비해서.　　▶ 알아보다 recognize

　　_____ / _____

17　여기에 주차해 / 거기에 주차장이 없을 것을 대비해서.　　▶ 주차장 parking lot

　　_____ / _____

18　이 창문을 잠가 / 누군가 들어올 것을 대비해서.　　▶ 잠그다 lock

　　_____ / _____

19　네 상사에게 전화해 / 네가 늦게 도착할 것을 대비해서.

　　_____ / _____

20　내 신용카드를 가져가 / 네가 그걸 필요로 할 것을 대비해서.　　▶ 신용카드 credit card

　　_____ / _____

STEP 2

 연기낭독 훈련

답을 맞춰 보며 상대방에게 이야기하듯 실감나게 낭독한 후 낭독 횟수를 체크하세요.

조용히 억양 없이 영혼 없이 낭독하면 공식으로만 남게 돼 매우 위험함.

1. I will remind you in case you forget.
2. Wait here in case she shows up.
3. Call me in case I forget.
4. Practice this sentence in case he asks.
5. Bring your car in case we arrive late.
6. Don't sell our house in case I come back.
7. Save money in case you fail.
8. Go to this interview in case they fire you.
9. Memorize my phone number in case you lose your phone.
10. Take this umbrella in case it rains.
11. Wear these boots in case it snows.
12. Take this charger in case your battery dies.
13. Buy a ring too in case she does not like this gift.
14. Buy this insurance plan in case your computer breaks.
15. Sleep now in case we have to wake up early.
16. Wear this mask in case they recognize you.
17. Park here in case there's no parking lot there.
18. Lock this window in case someone comes in.
19. Call your boss in case you arrive late.
20. Take my credit card in case you need it.

STEP 3

입영작 마스터 훈련

조금 더 자연스러운 우리말 문장을 보고 실감나게 입영작하세요.

'걔'는 he가 될 수도 she가 될 수도 있으며 여러분의 선택입니다.

1. 네가 까먹을 걸 대비해서 내가 너한테 상기시켜 줄게.
2. 걔가 나타날 걸 대비해서 여기서 기다려.
3. 내가 까먹을 걸 대비해서 나한테 전화해.
4. 걔가 물어볼 걸 대비해서 이 문장 연습해.
5. 우리가 늦게 도착할 걸 대비해서 네 차 가져와.
6. 내가 돌아올 걸 대비해서 우리 집 팔지 마.
7. 네가 실패할 걸 대비해서 돈 모아.
8. 걔네가 널 해고할 걸 대비해서 이 면접에 가.
9. 네가 네 전화기 잃어 버릴 걸 대비해서 내 전화번호 외워 둬.
10. 비 올 걸 대비해서 이 우산 가져가.
11. 눈 올 걸 대비해서 이 부츠 신어.
12. 네 배터리가 나갈 걸 대비해서 이 충전기 가져가.
13. 걔가 이 선물 안 좋아할 걸 대비해서 반지도 사.
14. 네 컴퓨터가 부서질 걸 대비해서 이 보험 상품 사.
15. 우리가 일찍 일어나야 할 걸 대비해서 지금 자.
16. 걔네가 널 알아볼 걸 대비해서 이 마스크 써.
17. 거기에 주차장이 없을 걸 대비해서 여기에 주차해.
18. 누군가 들어올 걸 대비해서 이 창문 잠가.
19. 네가 늦게 도착할 걸 대비해서 네 상사한테 전화해.
20. 네가 그게 필요할 걸 대비해서 내 신용카드 가져가.

심하게 버벅거림 : 1점
버벅거림은 줄었으나 책 읽듯 어색함 : 3점
연기하듯 자연스러움 : 5점

TOTAL 1차 2차 3차

40점 이하 — 연기낭독훈련 부터 다시
41~79점 — 입영작 마스터 훈련 재도전
80점 이상 — 품띠 1단 완성

EAT VEGETABLES INSTEAD OF MEAT.

품띠 2단

고기 대신 채소를 먹어.

 마유: 살 빼려면 굶어야 하나.
규민: 굶으면 더 쪄. 고기 대신 채소를 먹어.
마유: 미쳤어?

상황 규민이는 고기 대신 채소를 먹으라는 '대안'을 제시하고 있습니다.

무기

[instead of] ~ 대신 / ~하는 것 대신

---

1 [instead of]는 '대안'을 제시할 때 쓰는 무기입니다.
[instead of] 뒤에는 [명사] 혹은 [~ing]가 따라옵니다.

예) 그 라테 대신 이 아메리카노를 마셔 봐.
(Try this Americano instead of the latte.)

난 자장면 대신 짬뽕을 먹었어.
(I ate 짬뽕 instead of 자장면.)

뛰는 것 대신 빠르게 걸어.
(Walk fast instead of running.)

무기 사용법: [기본 문장] + [instead of 명사 혹은 ~ing]

명령
1. 고기 대신 채소들을 먹어.
2. [채소들을 먹어] + [고기 대신].
   [Eat vegetables] + [instead of meat].
3. Eat vegetables instead of meat.

과거
1. 그녀는 공부하는 것 대신 마셨어.
2. [그녀는 마셨어] + [공부하는 것 대신].
   [She drank] + [instead of studying].
3. She drank instead of studying.

이미 마음 먹은 것의 진행
1. 난 설탕 대신 메이플 시럽을 사용할 거야.
2. [난 메이플 시럽을 사용할 거야] + [설탕 대신].
   [I am going to use maple syrup] + [instead of sugar].
3. I am going to use maple syrup instead of sugar.

무기 UPGRADE

a. [rather than (~보다는 차라리 / ~하는 것보다는 차라리)]으로 업그레이드 가능함.
예) I want to buy a snowboard rather than a pair of skis.
(난 스키보다는 차라리 스노보드를 사고 싶어.)

b. [instead of 명사/~ing]는 [기본 문장] 앞에 놓일 수도 있는데, 이때는 comma를 찍을 것.
예) Instead of calling Eugene, call his sister.

예문 폭탄

1. **Use this hammer / instead of the brick.**
   (이 망치를 써 / 그 벽돌 대신.)

2. **Drink water / instead of Diet Pepsi.**
   (물을 마셔 / 다이어트 펩시 대신.)

3. **I walk / instead of taking a nap.**
   (난 걸어 / 낮잠을 자는 것 대신.)

4. **She eats protein / instead of carbohydrates.**
   (그녀는 단백질을 먹어 / 탄수화물 대신.)

5. **We talked / instead of fighting.**
   (우린 얘기를 했어 / 싸우는 것 대신.)

6. **She ate chicken / instead of pizza.**
   (그녀는 치킨을 먹었어 / 피자 대신.)

7. **I want to master English / instead of Chinese.**
   (난 영어를 마스터하고 싶어 / 중국어 대신.)

8. **You can use my room / instead of the living room.**
   (넌 내 방을 써도 돼 / 그 거실 대신.)

9. **Did you kiss her / instead of hugging her?**
   (넌 그녀에게 키스했니 / 그녀를 안아 주는 것 대신?)

10. **Can you buy me a Chanel bag / instead of a Gucci bag?**
    (나한테 Chanel 백을 사 줄 수 있니 / Gucci 백 대신?)

STEP 1

손영작 입영작 어순 훈련

막히지 않을 때까지 손영작+입영작 무한반복 하세요.

1 난 맥주를 마셨어 / 물 대신.

_____ / _____

2 난 피자를 먹었어 / 파스타 대신.

_____ / _____

3 난 내 **Ferrari**를 운전했어 / 내 **Porsche** 대신.

_____ / _____

4 난 영어를 공부했어 / 중국어 대신.

_____ / _____

5 난 그 피아노를 쳤어 / 그 바이올린 대신.　　　　　　　　　　　▶ 바이올린 violin

_____ / _____

6 난 치마를 샀어 / 재킷 대신.

_____ / _____

7 난 그녀에게 전화했어 / 그녀에게 이메일하는 것 대신.　　　　　▶ ~에게 이메일하다 email someone

_____ / _____

8 난 잤어 / 공부하는 것 대신.

_____ / _____

9 난 택시를 탔어 / 걷는 것 대신.

_____ / _____

10 난 운동했어 / 먹는 것 대신.

_____ / _____

성급히 넘어가면 결국
또다시 왕초보 영어에
머물 것을 보장함

11 난 쇼핑을 갔어 / 집에 머무는 것 대신.   ▶ 쇼핑 가다 go shopping

_____ / _____

12 난 뉴욕을 방문하고 싶어 / 파리 대신.

_____ / _____

13 난 잡지를 읽고 싶어 / 이 교과서 대신.   ▶ 잡지 magazine ▶ 교과서 textbook

_____ / _____

14 난 캘리포니아에서 살고 싶어 / 오사카 대신.

_____ / _____

15 난 **Madonna**의 콘서트에 가고 싶어 / 이 뮤지컬 대신.

_____ / _____

16 넌 한국을 방문했니 / 일본 대신?

_____ / _____

17 넌 재킷을 입었니 / 정장 대신?   ▶ 정장 suit

_____ / _____

18 넌 게임을 했니 / 공부하는 것 대신?

_____ / _____

19 넌 잤니 / 네 숙제를 하는 것 대신에?

_____ / _____

20 그녀는 힙합을 췄니 / 살사를 추는 것 대신?

_____ / _____

품띠 2단 **209**

STEP 2

연기낭독 훈련

답을 맞춰 보며 상대방에게 이야기하듯 실감나게 낭독한 후 낭독 횟수를 체크하세요.

조용히, 억양 없이, 영혼 없이 낭독하면 공식으로만 남게 돼 매우 위험함.

1. I drank beer instead of water.
2. I ate pizza instead of pasta.
3. I drove my Ferrari instead of my Porsche.
4. I studied English instead of Chinese.
5. I played the piano instead of the violin.
6. I bought a skirt instead of a jacket.
7. I called her instead of emailing her.
8. I slept instead of studying.
9. I took a taxi instead of walking.
10. I exercised instead of eating.
11. I went shopping instead of staying home.
12. I want to visit New York instead of Paris.
13. I want to read a magazine instead of this textbook.
14. I want to live in California instead of Osaka.
15. I want to go to Madonna's concert instead of this musical.
16. Did you visit Korea instead of Japan?
17. Did you wear a jacket instead of a suit?
18. Did you play a game instead of studying?
19. Did you sleep instead of doing your homework?
20. Did she dance hip hop instead of dancing salsa?

STEP 3

입영작 마스터 훈련

조금 더 자연스러운 우리말 문장을 보고 실감나게 입영작하세요.

'걔'는 he가 될 수도 she가 될 수도 있으며 여러분의 선택입니다.

1. 나 물 대신 맥주 마셨어.
2. 나 파스타 대신 피자 먹었어.
3. 나 내 Porsche 대신 내 Ferrari 운전했어.
4. 나 중국어 대신 영어 공부했어.
5. 나 그 바이올린 대신 그 피아노 쳤어.
6. 나 재킷 대신 치마 샀어.
7. 나 걔한테 이메일하는 거 대신에 걔한테 전화했어.
8. 나 공부하는 거 대신에 잤어.
9. 나 걷는 거 대신에 택시 탔어.
10. 나 먹는 거 대신에 운동했어.
11. 나 집에 머무는 거 대신에 쇼핑 갔어.
12. 나 파리 대신 뉴욕 방문하고 싶어.
13. 나 이 교과서 대신 잡지 읽고 싶어.
14. 나 오사카 대신 캘리포니아에서 살고 싶어.
15. 나 이 뮤지컬 대신 Madonna 콘서트 가고 싶어.
16. 너 일본 대신 한국 방문했어?
17. 너 정장 대신 재킷 입었어?
18. 너 공부하는 거 대신에 게임했어?
19. 너 네 숙제 하는 거 대신에 잤어?
20. 걔는 살사 추는 거 대신에 힙합을 췄어?

심하게 버벅거림 : 1점
버벅거림은 줄었으나 책 읽듯 어색함 : 3점
연기하듯 자연스러움 : 5점

TOTAL 1차 2차 3차

40점 이하 — 연기낭독 훈련 부터 다시
41~79점 — 입영작 마스터 훈련 재도전
80점 이상 — 품띠 2단 완성

THANK YOU FOR YOUR LOVE.

여러분의 사랑에 대해 참 고맙습니다.

 마유: **여러분의 사랑에 대해 참 고맙습니다 ♥**
한 명도 예외 없이 영어 잘하게 만들어 드릴 겁니다.

상황 마유는 입영작 매니아들의 사랑에 '**대해**' 고마워하고 있습니다.

무기
[for] ~에 대해 / ~한 것에 대해

1
[for] 뒤에는 [명사] 혹은 [~ing]가 따라옵니다.
[명사]가 올 경우 '~에 대해',
[~ing]가 올 경우 '~한 것에 대해 / ~해서'로 해석합니다.

예) 와 준 것에 대해 (와 줘서) 고마워요.
(Thank you for coming.)

그들은 그 파티를 망친 거에 대해 날 탓했어.
(They blamed me for ruining the party.)

여러분의 성원에 대해 감사드립니다.
(Thank you for your support.)

무기 사용법

[기본 문장] + [for 명사] 혹은 [for ~ing]

현재
1. 내 여자친구가 되어 준 것에 대해 고마워.
2. [고마워] + [내 여자친구가 되어 준 것에 대해].
   [Thank you] + [for being my girlfriend].
3. Thank you for being my girlfriend.

현재
1. 내 실수에 대해 미안해.
2. [미안해] + [내 실수에 대해].
   [I am sorry] + [for my mistake].
3. I am sorry for my mistake.

과거
1. 그들은 그 쇼를 망친 것에 대해 날 탓했어.
2. [그들은 날 탓했어] + [그 쇼를 망친 것에 대해].
   [They blamed me] + [for ruining the show].
3. They blamed me for ruining the show.

무기 UPGRADE
반대로 '~하지 않은 것에 대해' 라고 표현할 땐, [for not ~ing]를 사용.
예) Thanks for not bothering me. (날 방해하지 않아 줘서 고마워.)

예문 폭탄

1. **Thank you / for your love.**
   (고마워 / 네 사랑에 대해.)

2. **Thank you / for writing good songs.**
   (고마워 / 좋은 노래들을 써 준 것에 대해.)

3. **I'm sorry / for the confusion.**
   (미안해 / 그 헷갈림에 대해.)

4. **I'm sorry / for confusing you.**
   (미안해 / 널 헷갈리게 한 것에 대해.)

5. **Don't thank me / for your achievement.**
   (내게 고마워하지 마 / 네 업적에 대해.)

6. **She blamed me / for the accident.**
   (그녀는 날 탓했어 / 그 사고에 대해.)

7. **He blamed Ken / for causing the accident.**
   (그는 Ken을 탓했어 / 그 사고를 초래한 것에 대해.)

8. **I got an award / for my achievement.**
   (난 상을 받았어 / 내 업적에 대해.)

9. **He got a medal / for saving the child.**
   (그는 메달을 받았어 / 그 아이를 구한 것에 대해.)

10. **I hate you / for leaving me.**
    (난 널 미워해 / 날 떠난 것에 대해.)

STEP 1

손영작 입영작 어순 훈련

막히지 않을 때까지 손영작+입영작 무한반복 하세요.

1 고마워 / 네 지지에 대해서.

_____ / _____

2 고마워 / 모든 것에 대해서.

_____ / _____

3 고마워 / 날 도와준 것에 대해서.

_____ / _____

4 고마워 / 우리를 가르쳐 준 것에 대해서.

_____ / _____

5 고맙습니다 / 우리의 서비스를 이용하는 것에 대해서.

_____ / _____

6 미안해 / 내 멍청한 실수에 대해서.

_____ / _____

7 미안해 / 널 사랑하는 것에 대해서.

_____ / _____

8 죄송합니다 / 그 불편함에 대해서.　　　　　　　　　　▶ 불편함 **inconvenience**

_____ / _____

9 미안해 / 널 방해하는 것에 대해서.　　　　　　　　　　▶ 방해하다 **bother**

_____ / _____

10 미안해 / 널 민 것에 대해서.

_____ / _____

11 그녀는 날 탓했어 / 그녀의 실패에 대해서.　　　　　　　　　　　　　　　▶ 실패 failure

_____ / _____

12 그는 우릴 탓했어 / 그 파티를 망친 것에 대해서.　　　　　　　　　　　　　▶ 망치다 ruin

_____ / _____

13 Frank는 내게 감사했어 / 내 투자에 대해서.　　　　　　　　　　　　　　　▶ 투자 investment

_____ / _____

14 Emily는 내게 사과했어 / 그 실수를 한 것에 대해서.

_____ / _____

15 Scarlet은 날 사랑했어 / 내 돈에 대해서.

_____ / _____

16 난 상을 받았어 / 내 팀을 성공적으로 이끈 것에 대해서.　　　▶ 상을 받다 get an award　　▶ 이끌다 lead

_____ / _____

17 날 탓하지 마 / 이 사고에 대해서.

_____ / _____

18 네 여자친구를 탓하지 마 / 네 고통에 대해서.　　　　　　　　　　　　　　▶ 탓하다 blame

_____ / _____

19 나한테 고마워하지 마 / 네 성공에 대해서.

_____ / _____

20 나한테 고마워하지 마 / 그 게임을 이긴 것에 대해서.

_____ / _____

STEP 2

연기낭독 훈련

답을 맞춰 보며 상대방에게 이야기하듯 실감나게 낭독한 후 낭독 횟수를 체크하세요.

조용히, 억양 없이, 영혼 없이 낭독하면 공식으로만 남게 돼 매우 위험함.

		4회	8회	12회	16회	20회
1	Thank you for your support.	✓				
2	Thank you for everything.					
3	Thank you for helping me.					
4	Thank you for teaching us.					
5	Thank you for using our service.					
6	I'm sorry for my stupid mistake.					
7	I'm sorry for loving you.					
8	I'm sorry for the inconvenience.					
9	I'm sorry for bothering you.					
10	I'm sorry for pushing you.					
11	She blamed me for her failure.					
12	He blamed us for ruining the party.					
13	Frank thanked me for my investment.					
14	Emily apologized to me for making the mistake.					
15	Scarlet loved me for my money.					
16	I got an award for leading my team successfully.					
17	Don't blame me for this accident.					
18	Don't blame your girlfriend for your pain.					
19	Don't thank me for your success.					
20	Don't thank me for winning the game.					

STEP 3

입영작 마스터 훈련

조금 더 자연스러운 우리말 문장을 보고 실감나게 입영작하세요.

'걔'는 he가 될 수도 she가 될 수도 있으며 여러분의 선택입니다.

1. 네 지지에 대해 고마워.
2. 모든 거에 대해 고마워.
3. 날 도와줘서 고마워.
4. 우릴 가르쳐 줘서 고마워.
5. 우리 서비스를 이용해 줘서 고마워요.
6. 내 멍청한 실수에 대해 미안해.
7. 널 사랑해서 미안해.
8. 그 불편함에 대해 죄송해요.
9. 널 방해해서 미안해.
10. 널 밀어서 미안해.
11. 자기 실패에 대해 걔는 날 탓했어.
12. 그 파티 망친 거에 대해 걔는 우릴 탓했어.
13. 내 투자에 대해 Frank는 나한테 감사했어.
14. 그 실수를 한 거에 대해 Emily는 나한테 사과했어.
15. Scarlet은 내 돈에 대해 (= 내 돈 때문에) 날 사랑했어.
16. 내 팀을 성공적으로 이끈 거에 대해 난 상을 받았어.
17. 이 사고에 대해 날 탓하지 마.
18. 네 고통에 대해 네 여자친구를 탓하지 마.
19. 네 성공에 대해 나한테 고마워하지 마.
20. 그 게임 이긴 거에 대해 나한테 고마워하지 마.

심하게 버벅거림 : 1점
버벅거림은 줄었으나 책 읽듯 어색함 : 3점
연기하듯 자연스러움 : 5점

TOTAL   1차   2차   3차

40점 이하: 연기낭독 훈련 부터 다시
41~79점: 입영작 마스터 훈련 재도전
80점 이상: 품띠 3단 완성

I DON'T LIKE YOU AT ALL.

나 너 전혀 안 좋아해.

사용빈도 ★★★★
난이도 ★★☆

마유: 넌 날 왜 좋아해?
수민: 나 너 안 좋아해.
마유: 하지만…
수민: 조금도. 전혀.

상황 수민이는 마유를 좋아하는 마음이 '조금도' 존재하지 않는다고 강조하고 있습니다.

무기

[at all] 조금이라도 / **[not at all]** 조금도 아닌

1
[at all]의 뜻은 '조금이라도'입니다.
앞에 [not]을 넣으면 [not at all]이 되면서 뜻은 '조금도 아닌'이 됩니다.
흔히, [not at all]의 뜻이 '전혀 아닌'이라고 알려진 이유는
'조금도 아닌'이 의역되었기 때문입니다.

예) 자긴 날 조금이라도 사랑하는 거야?
(Do you love me at all?)

너 조금이라도 짜증나 있니?
(Are you annoyed at all?)

나 오늘 조금도 (전혀) 안 먹었어.
(I didn't eat at all today.)

나 조금도 (전혀) 실망 안 했어.
(I'm not disappointed at all.)

무기 사용법: [기본 문장] + [at all]

질문
1. 넌 날 조금이라도 좋아하니?
2. [넌 날 좋아하니] + [조금이라도]?
   [Do you like me] + [at all]?
3. Do you like me at all?

현재 (부정)
1. 난 널 조금도 (전혀) 좋아하지 않아.
2. [난 널 좋아하지 않아] + [조금도 (전혀)].
   [I don't like you] + [at all].
3. I don't like you at all.

과거 (부정)
1. 그녀는 조금도 (전혀) 질투가 나지 않았어.
2. [그녀는 질투가 나지 않았어] + [조금도 (전혀)].
   [She was not jealous] + [at all].
3. She was not jealous at all.

무기 UPGRADE: [at all]을 발음할 땐 flap 발음 현상에 의해 '애럴' 정도로 발음할 것을 추천.

예문 폭탄

1. **I am not depressed / at all.**
   (난 우울하지 않아 / 조금도.)

2. **He is not smart / at all.**
   (그는 똑똑하지 않아 / 조금도.)

3. **They don't like my hairstyle / at all.**
   (그들은 내 머리 스타일을 좋아하지 않아 / 조금도.)

4. **My sister doesn't study / at all.**
   (내 여동생은 공부하지 않아 / 조금도.)

5. **I was not upset / at all.**
   (난 화나지 않았었어 / 조금도.)

6. **She didn't lie / at all.**
   (그녀는 거짓말하지 않았어 / 조금도.)

7. **Do you eat anything / at all?**
   (넌 뭐라도 먹니 / 조금이라도?)

8. **Does she drink / at all?**
   (그녀는 마시니 / 조금이라도?)

9. **Are you happy / at all?**
   (넌 행복하니 / 조금이라도?)

10. **Did you pray for them / at all?**
    (넌 그들을 위해 기도했니 / 조금이라도?)

STEP 1

손영작 입영작 어순 훈련

막히지 않을 때까지 손영작＋입영작 무한반복 하세요.

1 난 슬프지 않아 / 조금도.

_____ / _____

2 그녀는 귀엽지 않아 / 조금도.

_____ / _____

3 넌 웃기지 않아 / 조금도.   ▶ 웃기는 funny

_____ / _____

4 그는 나이 들지 않았어 / 조금도.

_____ / _____

5 우린 준비되어 있지 않아 / 조금도.

_____ / _____

6 난 상관하지 않아 / 조금도.   ▶ 상관하다 care

_____ / _____

7 난 샐러드를 먹지 않아 / 조금도.

_____ / _____

8 그는 날 사랑하지 않아 / 조금도.

_____ / _____

9 내 친구는 날 도와주지 않아 / 조금도.

_____ / _____

10 우린 이 영화를 좋아하지 않아 / 조금도.

_____ / _____

경고 WARNING — 성급히 넘어가면 결국 또다시 왕초보 영어에 머물 것을 보장함

11 난 행복하지 않았어 / 조금도.

_____ / _____

12 그는 아프지 않았어 / 조금도.

_____ / _____

13 그들은 흥분하지 않았어 / 조금도.

_____ / _____

14 난 자지 않았어 / 조금도.

_____ / _____

15 그녀는 먹지 않았어 / 조금도.

_____ / _____

16 넌 긴장하고 있니 / 조금이라도?

_____ / _____

17 넌 날 사랑하니 / 조금이라도?

_____ / _____

18 그녀는 먹니 / 조금이라도?

_____ / _____

19 넌 나에 대해 생각했니 / 조금이라도?

_____ / _____

20 그는 어제 일했니 / 조금이라도?

_____ / _____

STEP 2

연기낭독 훈련

답을 맞춰 보며 상대방에게 이야기하듯 실감나게 낭독한 후 낭독 횟수를 체크하세요.

조용히, 억양 없이, 영혼 없이 낭독하면 공식으로만 남게 돼 매우 위험함.

#	Sentence
1	I am not sad at all.
2	She is not cute at all.
3	You are not funny at all.
4	He is not old at all.
5	We are not ready at all.
6	I don't care at all.
7	I don't eat salad at all.
8	He doesn't love me at all.
9	My friend doesn't help me at all.
10	We don't like this movie at all.
11	I wasn't happy at all.
12	He wasn't sick at all.
13	They weren't excited at all.
14	I didn't sleep at all.
15	She didn't eat at all.
16	Are you nervous at all?
17	Do you love me at all?
18	Does she eat at all?
19	Did you think about me at all?
20	Did he work yesterday at all?

STEP 3

입영작 마스터 훈련

조금 더 자연스러운 우리말 문장을 보고 실감나게 입영작하세요.

'걔'는 he가 될 수도 she가 될 수도 있으며 여러분의 선택입니다.

1. 나 조금도 안 슬퍼.
2. 걔는 조금도 안 귀여워.
3. 너 조금도 안 웃겨.
4. 걔는 조금도 안 늙었어.
5. 우리 조금도 준비 안 돼 있어.
6. 나 조금도 상관 안 해.
7. 나 샐러드 조금도 안 먹어.
8. 걔는 날 조금도 안 사랑해.
9. 내 친구는 날 조금도 안 도와줘.
10. 우린 이 영화를 조금도 안 좋아해.
11. 나 조금도 안 행복했어.
12. 걔는 조금도 안 아팠어.
13. 걔네는 조금도 흥분 안 했어.
14. 나 조금도 안 잤어.
15. 걔는 조금도 안 먹었어.
16. 너 조금이라도 긴장하고 있어?
17. 넌 날 조금이라도 사랑해?
18. 걔는 조금이라도 먹어?
19. 너 조금이라도 나에 대해 생각했어?
20. 걔는 어제 조금이라도 일했어?

심하게 버벅거림 : 1점
버벅거림은 줄었으나 책 읽듯 어색함 : 3점
연기하듯 자연스러움 : 5점

TOTAL 1차 2차 3차

40점 이하 : 연기낭독 훈련 부터 다시
41~79점 : 입영작 마스터 훈련 재도전
80점 이상 : 품띠 4단 완성

I LOVED YOU FIRST.

내가 자기를 먼저 사랑했어.

 향기: 내가 자기를 먼저 사랑했어.
마유: 에이, 내가 자기를 먼저 사랑했지.
향기: 아냐. 내가…
현철: 너희들 나 죽이려고 아주 맘먹은 거니?

상황 마유와 향기는 서로 '먼저' 좋아했다고 사랑 싸움을 하고 있습니다.

무기

[first] 먼저 / **[at first]** 처음에는
/ **[for the first time]** 처음으로
/ **[in the first place]** 애당초

---

1 [first] 라는 단어가 들어간, 최고의 사용 빈도를 가진 4가지 무기들입니다. 대부분 문장 맨 뒤에 위치합니다.

예) 내가 그걸 먼저 끝냈어.
(I finished it first.)

난 처음엔 내 남자친구를 좋아하지 않았어.
(I didn't like my boyfriend at first.)

난 내 인생 처음으로 남자친구가 생겼어.
(I have a boyfriend for the first time in my life.)

난 애당초 널 사랑하지 말았어야 했어.
(I shouldn't have loved you in the first place.)

| 무기 사용법 | **[기본 문장] + [the first family 중 어울리는 것 하나]** |

과거
1. 내가 자기를 먼저 사랑했어!
2. [내가 자기를 사랑했어] + [먼저]!
   [I loved you] + [first]!
3. I loved you first!

과거 (부정)
1. 난 처음에는 긴장하지 않았어.
2. [난 긴장하지 않았어] + [처음에는].
   [I wasn't nervous] + [at first].
3. I wasn't nervous at first.

과거 (부정)
1. 난 널 애당초 좋아하지 않았어.
2. [난 널 좋아하지 않았어] + [애당초].
   [I didn't like you] + [in the first place].
3. I didn't like you in the first place.

| 무기 UPGRADE | [in the first place]는 [should have p.p.]와 함께 훈련하면 찰진 문장으로 업그레이드 가능. 예) You should've told me in the first place. (넌 애당초/진작에 나한테 말했어야 했어.) |

예문 폭탄

1. **I said it / first.**
   (내가 그걸 말했어 / 먼저.)

2. **She pinched me / first.**
   (그녀가 날 꼬집었어 / 먼저.)

3. **We were happy / at first.**
   (우리는 행복했어 / 처음에는.)

4. **He didn't love me / at first.**
   (그는 날 사랑하지 않았어 / 처음에는.)

5. **I drove a Porsche / for the first time.**
   (난 Porsche를 운전했어 / 처음으로.)

6. **I am nervous / for the first time in my life.**
   (나 긴장하고 있어 / 내 인생에서 처음으로.)

7. **I didn't invest my money / in the first place.**
   (난 내 돈을 투자하지 않았어 / 애당초.)

8. **I shouldn't have met you / in the first place.**
   (난 널 만나지 말았어야 했어 / 애당초.)

9. **Were you here / first?**
   (네가 여기 있었니 / 먼저?)

10. **Are you studying English / for the first time?**
    (넌 영어를 공부하고 있니 / 처음으로?)

STEP 1

손영작 입영작 어순 훈련

막히지 않을 때까지 손영작+입영작 무한반복 하세요.

1 내가 도착했어 / 먼저.
_____ / _____

2 난 울었어 / 처음으로.
_____ / _____

3 내가 이 문장을 끝냈어 / 먼저.
_____ / _____

4 난 김치를 먹었어 / 처음으로 / 내 인생에서.
_____ / _____ / _____

5 난 행복하지 않았어 / 처음에는.
_____ / _____

6 **Justin Bieber**가 한국을 방문했어 / 처음으로.
_____ / _____

7 난 그의 스타일을 좋아하지 않았어 / 애당초.
_____ / _____

8 난 수줍어했어 / 처음에는.
_____ / _____

9 그가 날 때렸어 / 먼저.
_____ / _____

10 난 운전하고 있어 / 처음으로.
_____ / _____

WARNING 성급히 넘어가면 결국 또다시 왕초보 영어에 머물 것을 보장함

11 그녀는 내 선물을 좋아했어 / 처음에는.
_____ / _____

12 우린 라스베이거스를 방문했어 / 처음으로 / 작년에.
_____ / _____ / _____

13 내가 이 질문을 답했어 / 먼저.
_____ / _____

14 그녀는 스마트폰을 사용하고 있어 / 처음으로 / 그녀의 인생에서.
_____ / _____ / _____

15 그건 쉬웠어 / 처음에는.
_____ / _____

16 난 널 사랑하지 말았어야 했어 / 애당초.
_____ / _____

17 우린 이 집을 사지 말았어야 했어 / 애당초.
_____ / _____

18 내 남자친구는 내게 사과했어 / 처음으로.
_____ / _____

19 그가 널 때렸니 / 먼저?
_____ / _____

20 넌 행복했니 / 네가 그를 봤을 때 / 처음으로?
_____ / _____ / _____

품띠 5단 **227**

STEP 2

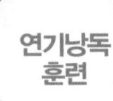 연기낭독 훈련

답을 맞춰 보며 상대방에게 이야기하듯 실감나게 낭독한 후 낭독 횟수를 체크하세요.

조용히, 억양 없이, 영혼 없이 낭독하면 공식으로만 남게 돼 매우 위험함.

		4회	8회	12회	16회	20회
1	I arrived first.	✓				
2	I cried for the first time.					
3	I finished this sentence first.					
4	I ate Kimchi for the first time in my life.					
5	I was not happy at first.					
6	Justin Bieber visited Korea for the first time.					
7	I didn't like his style in the first place.					
8	I was shy at first.					
9	He hit me first.					
10	I am driving for the first time.					
11	She liked my gift at first.					
12	We visited Las Vegas for the first time last year.					
13	I answered this question first.					
14	She is using a smart phone for the first time in her life.					
15	It was easy at first.					
16	I shouldn't have loved you in the first place.					
17	We shouldn't have bought this house in the first place.					
18	My boyfriend apologized to me for the first time.					
19	Did he hit you first?					
20	Were you happy when you saw him for the first time?					

STEP 3

입영작 마스터 훈련

조금 더 자연스러운 우리말 문장을 보고 실감나게 입영작하세요.

'걔'는 he가 될 수도 she가 될 수도 있으며 여러분의 선택입니다.

1. 내가 먼저 도착했어.
2. 나 처음으로 울었어.
3. 내가 이 문장 먼저 끝마쳤어.
4. 나 내 인생에서 처음으로 김치 먹었어.
5. 나 처음엔 행복하지 않았어.
6. Justin Bieber는 처음으로 한국을 방문했어.
7. 난 애당초 걔 스타일을 안 좋아했어.
8. 나 처음엔 수줍어했었어.
9. 걔가 먼저 날 때렸어.
10. 나 처음으로 운전하고 있어.
11. 걔가 처음에는 내 선물 좋아했어.
12. 우리 작년에 처음으로 라스베이거스를 방문했어.
13. 내가 먼저 이 질문을 답했어.
14. 걔는 자기 인생에서 처음으로 스마트폰 쓰고 있어.
15. 그거 처음엔 쉬웠어.
16. 난 애당초 널 사랑하지 말았어야 했어.
17. 우리 애당초 이 집 사지 말았어야 했어.
18. 내 남자친구가 처음으로 나한테 사과했어.
19. 걔가 먼저 널 때렸어?
20. 너 처음으로 걔를 봤을 때 행복했어?

심하게 버벅거림 : 1점
버벅거림은 줄었으나 책 읽듯 어색함 : 3점
연기하듯 자연스러움 : 5점

TOTAL 1차 2차 3차

40점 이하 → 연기낭독 훈련 부터 다시
41~79점 → 입영작 마스터 훈련 재도전
80점 이상 → 품띠 5단 완성

검은띠

미래를 예측하며
점들을 연결할 수는 없습니다.
훗날 뒤를 돌아보며
이해할 수 있을 뿐이죠.
  - 스티브 잡스

You can't connect the dots
looking forward .
You can only connect them
looking backwards.
  - Steve Jobs

어릴 적 "Connect the Dots" 라는 그림 게임을 해보신 적 있나요?
종이 위에 많은 숫자들이 작은 점들과 함께 무작위로 놓여 있고,
뭔가… 숫자 순서대로 점들을 이어 가고는 있지만서도,
'이걸 내가 왜 하고 있는 거지?' 란 생각만 들고.

그런데…
펜이 마지막 숫자에 멈춘 후 완성된 그림을 보는 순간 다가오는
그 충격과 반전.

카리스마 충만한 코끼리 한 마리.
당장이라도 뛰어나갈 기세의 우주선 한 대.
데려다 키우고 싶을 정도로 귀여운 강아지 한 마리.

지금 하고 있는 일, 공부, 연애.
가끔씩은 힘들 때가 있어서 '내가 잘하고 있긴 한 건가? 이게 인생에 도움이나 될까?'
하는 생각이 듭니다. 하지만 지금 힘든 것도 결국 최종 그림을 완성하는 데 한몫 하는
점이라는 것, 그리고 끝까지 가 봐야만 내가 이걸 왜 하고 있는지 비로소 이해할 수
있다는 것을 항상 기억하시면 좋겠습니다.

그나저나, 저 위의 그림은 시작하기도 전에 너무 대놓고 강아지군요.

  - 마스터유진

SHE IS THE GIRL THAT I LIKE.

재가 내가 좋아하는 그 여자애야.

 마유: 저기 귀여운 여자애 보이지?
쟤가 내가 좋아하는 그 여자애야.
희준: 쟤 내 여자친군데?
마유: (털썩)

> 상황 ▸ 마유는 그 여자애를 그냥 여자애가 아니라
> '자신이 좋아하는' 그 여자애라며 좀 더 자세히 설명하고 있습니다.

무기 [명사] 업그레이드 ~하는 명사

1. [명사]를 더 길고 디테일하게 업그레이드 시켜 주는 확장 무기입니다.

2. [명사]가 목적어로 쓰일 때 ➡ [명사] + [that 주어 + 동사]

   예) 그 소년 (the boy) + 내가 좋아하는 (that I like)
   = 내가 좋아하는 그 소년 (the boy that I like)
   → the boy가 like의 목적어
   He's the boy / that I like. (걔가 그 소년이야 / 내가 좋아하는.)

3. [명사]가 주어로 쓰일 때 ➡ [명사] + [that 동사]

   예) 그 소년 (the boy) + 나를 좋아하는 (that likes me)
   = 나를 좋아하는 그 소년 (the boy that likes me)
   → the boy가 likes의 주어
   He's the boy / that likes me. (걔가 그 소년이야 / 날 좋아하는.)

무기 사용법	1. [명사] + [that 주어 + 동사] 2. [명사] + [that 동사]

현재
1. 그녀가 내가 좋아하는 그 여자애야.
2. [그녀가 그 여자애야] + [내가 좋아하는].
   [She is the girl] + [that I like].
3. She is the girl that I like.

현재
1. 그가 나를 미워하는 그 남자야.
2. [그가 그 남자야] + [날 미워하는].
   [He is the guy] + [that hates me].
3. He is the guy that hates me.

현재
1. 날 좋아하는 그 여자애는 남자친구를 가지고 있어.
2. [그 여자애는] + [날 좋아하는] + [남자친구를 가지고 있어].
   [The girl] + [that likes me] + [has a boyfriend].
3. The girl that likes me has a boyfriend.

무기 UPGRADE	[명사]가 [that] 뒤에 오는 동사의 목적어로 쓰일 때는 [that]을 생략할 수 있음. 예) the car that I drive = the car I drive = 내가 운전하는 차 → the car가 drive의 목적어

예문 폭탄

1. **This is the shirt / that I have.**
   (이게 그 셔츠야 / 내가 가진.)

2. **This is the same car / that she has.**
   (이게 같은 차야 / 그녀가 가진.)

3. **She is the boss / that hates me.**
   (그녀가 그 상사야 / 날 미워하는.)

4. **The girl / that I dated / called me.**
   (그 여자애가 / 내가 데이트한 / 내게 전화했어.)

5. **The class / that I took / is this.**
   (그 수업이 / 내가 들은 / 이거야.)

6. **The book that I was looking for / is this.**
   (내가 찾고 있었던 책이 / 이거야.)

7. **Is she the woman / that you want?**
   (그녀가 그 여자니 / 네가 원하는?)

8. **Is he the man / that hit you?**
   (그가 그 남자니 / 널 때린?)

9. **What is the nickname / that you want?**
   (그 별명은 뭐니 / 네가 원하는?)

10. **Who is the boss / that fired you?**
    (누가 그 상사니 / 널 해고한?)

STEP 1

손영작 입영작 어순 훈련

막히지 않을 때까지 손영작+입영작 무한반복 하세요.

1 이게 그 자동차야 / 내가 좋아하는.

_____ / _____

2 그녀가 그 소녀야 / 내가 사랑하는.

_____ / _____

3 넌 그 유일한 남자야 / 내가 사랑하는.   ▶ 유일한 only

_____ / _____

4 난 그 유일한 사람이야 / 네가 원하는.

_____ / _____

5 이게 그 전화기야 / 내가 산.

_____ / _____

6 이게 그 성적이니 / 네가 원하는?   ▶ 성적 grade

_____ / _____

7 이게 그 냉장고니 / 네가 산?   ▶ 냉장고 refrigerator

_____ / _____

8 그녀가 그 소녀니 / 네가 고용한?

_____ / _____

9 이게 그 에세이니 / 네가 쓴?

_____ / _____

10 이게 그 치마니 / 네가 좋아하는?

_____ / _____

경고 WARNING — 성급히 넘어가면 결국 또다시 왕초보 영어에 머물 것을 보장함

11 그게 그 색이야 / 내가 선택한.

_____ / _____

12 이게 그 빌딩이야 / 그가 팔아 버린.

_____ / _____

13 그가 그 소년이야 / 그들이 입양한. ▶ 입양하다 adopt

_____ / _____

14 이게 그 책이야 / 내가 어제 읽은.

_____ / _____

15 이건 그 브랜드가 아니야 / 내가 좋아하는.

_____ / _____

16 그녀는 그 소녀가 아니야 / 내가 찾고 있는. ▶ ~을 찾다 look for

_____ / _____

17 그 책은 뭐니 / 네가 읽은?

_____ / _____

18 그 유리는 어디 있니 / 네가 깨 버린? ▶ 깨 버리다 break

_____ / _____

19 그 소녀는 누구니 / 네가 쳐다보고 있던? ▶ ~을 쳐다보다 stare at

_____ / _____

20 그 소년은 누구니 / 널 도와준?

_____ / _____

검은띠 1단 **235**

STEP 2

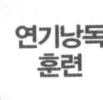 연기낭독 훈련

답을 맞춰 보며 상대방에게 이야기하듯 실감나게 낭독한 후 낭독 횟수를 체크하세요.

조용히, 억양 없이, 영혼 없이 낭독하면 공식으로만 남게 돼 매우 위험함.

1. This is the car that I like.
2. She is the girl that I love.
3. You are the only man that I love.
4. I am the only person that you want.
5. This is the phone that I bought.
6. Is this the grade that you want?
7. Is this the refrigerator that you bought?
8. Is she the girl that you hired?
9. Is this the essay that you wrote?
10. Is this the skirt that you like?
11. It is the color that I chose.
12. This is the building that he sold.
13. He is the boy that they adopted.
14. This is the book that I read yesterday.
15. This is not the brand that I like.
16. She is not the girl that I am looking for.
17. What is the book that you read?
18. Where is the glass that you broke?
19. Who is the girl that you were staring at?
20. Who is the boy that helped you?

STEP 3

입영작 마스터 훈련

조금 더 자연스러운 우리말 문장을 보고 실감나게 입영작하세요.

'걔'는 he가 될 수도 she가 될 수도 있으며 여러분의 선택입니다.

1. 이게 내가 좋아하는 그 자동차야.
2. 걔가 내가 사랑하는 그 여자애야.
3. 넌 내가 사랑하는 (그) 유일한 남자야.
4. 난 네가 원하는 그 유일한 사람이야.
5. 이게 내가 산 그 전화기야.
6. 이게 네가 원하는 그 성적이야?
7. 이게 네가 산 그 냉장고야?
8. 걔가 네가 고용한 그 여자애야?
9. 이게 네가 쓴 그 에세이야?
10. 이게 네가 좋아하는 그 치마야?
11. 그게 내가 선택한 그 색이야.
12. 이게 걔가 팔아 버린 그 빌딩이야.
13. 걔가 그들이 입양한 그 남자애야.
14. 이게 내가 어제 읽은 그 책이야.
15. 이건 내가 좋아하는 그 브랜드가 아니야.
16. 걔는 내가 찾고 있는 그 여자애가 아니야.
17. 네가 읽은 그 책은 뭐야?
18. 네가 깨 버린 그 유리 어디 있어?
19. 네가 쳐다보고 있던 그 여자애 누구야?
20. 널 도와준 그 남자애 누구야?

심하게 버벅거림 : 1점
버벅거림은 줄었으나 책 읽듯 어색함 : 3점
연기하듯 자연스러움 : 5점

TOTAL 1차 2차 3차

40점 이하 — 연기낭독 훈련 부터 다시
41~79점 — 입영작 마스터 훈련 재도전
80점 이상 — 검은띠 1단 완성

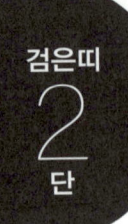

I KNOW EXACTLY WHAT YOU WANT.
난 네가 뭘 원하는지 정확히 알고 있지.

 마유: 난 네가 뭘 원하는지 정확히 알고 있지.
영어로 외국인이랑 말싸움하는 수준. 자막 없이 미드 봐도 정확한 타이밍에 웃음 터지는 수준. 영어 왕초보 벗어나는 수준 말고 영어 마스터 되는 수준.

별빛: 마유, 너만 믿는다.

상황 마유는 별빛이가 '무엇을' 원하는지 정확히 알고 있다고 주장하고 있습니다.

무기

[5W1H 의문사 확장]

1 5W1H (what, who, where, when, why, how)를 이용한 확장 무기입니다.
5W1H 뒤에 [주어 + 동사] 혹은 [동사]를 넣어 [기본 문장]을 확장시킬 수 있습니다.

[what 주어 + 동사] = 무엇을 주어가 동사하는지 / 주어가 동사하는 것을
[what 동사] = 무엇이 동사하는지
[who 주어 + 동사] = 누구를 주어가 동사하는지
[who 동사] = 누가 동사하는지
[where 주어 + 동사] = 어디에서 주어가 동사하는지 / 어디로 주어가 동사하는지
[when 주어 + 동사] = 언제 주어가 동사하는지
[how 주어 + 동사] = 어떻게 주어가 동사하는지
[why 주어 + 동사] = 왜 주어가 동사하는지

난 알아 (기본 문장) + [무엇을 + 네가 좋아하는지]. → I know + [what + you like].
난 마셔 (기본 문장) + [것을 + 그녀가 마시는]. → I drink + [what + she drinks].
난 몰라 (기본 문장) + [무엇이 + 널 상처 줬는지]. → I don't know + [what + hurt you].
난 알아 (기본 문장) + [누구를 + 그녀가 싫어하는지]. → I know + [who + she hates].
난 몰라 (기본 문장) + [누가 + 너에게 전화했는지]. → I don't know + [who + called you].
난 알아 (기본 문장) + [어디로 + 너희 오빠가 갔었는지]. → I know + [where + your brother went].
난 몰라 (기본 문장) + [언제 + 그가 돌아오는지]. → I don't know + [when + he is coming back].
넌 아니 (기본 문장) + [어떻게 + 그가 공부하는지]? → Do you know + [how + he studies]?
넌 아니 (기본 문장) + [왜 + 그녀가 화나 있는지]? → Do you know + [why + she is mad]?

복잡해 보인다고 당황하지 마세요. 모든 입영작이 그렇듯. 다양한 문장들을 써 봄으로써 충분히 익숙해질 수 있습니다.

무기 사용법

[기본 문장] + [what/who/where/when/why/how + 평서문]

현재
1. 난 네가 지난 여름에 무엇을 했는지 알아.
2. [난 알아] + [무엇을 네가 했는지] + [지난 여름에].
   [I know] + [what you did] + [last summer].
3. I know what you did last summer.

현재 (부정)
* [who]가 주어로 쓰인 경우: [주어 + 동사] 대신 [동사]를 사용
1. 난 누가 그에게 키스했는지 몰라.
2. [난 몰라] + [누가 그에게 키스했는지].
   [I don't know] + [who kissed him].
3. I don't know who kissed him.

질문
1. 넌 어디로 그가 이사했는지 아니?
2. [넌 아니] + [어디로 그가 이사했는지]?
   [Do you know] + [where he moved]?
3. Do you know where he moved?

무기 UPGRADE — 기본 [의문사] 외에 [what 명사], [how 형용사], [whose 명사] 등의 고급 [의문사]로도 훈련. 예) Do you know whose car I like?

예문 폭탄

1. **Tell me / where you are.**
   (내게 말해 / 어디에 네가 있는지.)

2. **Write down / what I say.**
   (받아 적어 / 무엇을 내가 말하는지 (*내가 말하는 것을).)

3. **I know / what you want.**
   (난 알아 / 뭘 네가 원하는지.)

4. **She doesn't know / why I am crying.**
   (그녀는 몰라 / 왜 내가 울고 있는지.)

5. **I knew / who ate my chicken.**
   (난 알고 있었어 / 누가 내 치킨을 먹었는지.)

6. **He didn't understand / what I wanted.**
   (그는 이해하지 못했어 / 내가 뭘 원했는지.)

7. **I want to find out / where he is going.**
   (난 알아내고 싶어 / 어디로 그가 가고 있는지.)

8. **He needs to realize / why love is important.**
   (그는 깨달을 필요가 있어 / 왜 사랑이 중요한지.)

9. **Do you know / how we caught the terrorist?**
   (넌 아니 / 어떻게 우리가 그 테러리스트를 잡았는지?)

10. **Do you know / when she is leaving?**
    (넌 아니 / 언제 그녀가 떠나는지?)

STEP 1

손영작 입영작 어순 훈련

막히지 않을 때까지 손영작+입영작 무한반복 하세요.

1. 난 알아 / 어디에 네가 갔었는지.

   _____ / _____

2. 난 알아 / 누군지 네가.

   _____ / _____

3. 난 알아 / 왜 네가 그녀를 좋아하는지.

   _____ / _____

4. 난 알아 / 언제 그녀가 떠났는지.

   _____ / _____

5. 난 알아 / 어떻게 네가 그를 찾았는지.

   _____ / _____

6. 난 알아 / 뭘 네가 좋아하는지.

   _____ / _____

7. 난 몰라 / 뭘 네가 원하는지.

   _____ / _____

8. 난 몰라 / 어디에서 그가 일하고 있는지.

   _____ / _____

9. 난 몰라 / 누구를 그녀가 옹호했는지.   ▶ 옹호하다 defend

   _____ / _____

10. 난 몰라 / 왜 그녀가 울고 있는지.

    _____ / _____

성급히 넘어가면 결국 또다시 왕초보 영어에 머물 것을 보장함

11 난 몰라 / 언제 이 콘서트가 시작하는지.　　　▶ 시작하다 start

_____ / _____

12 난 몰라 / 어떻게 내가 그걸 끝냈는지.

_____ / _____

13 난 먹어 / 뭘 그녀가 먹는지 (그녀가 먹는 것을).

_____ / _____

14 난 이해해 / 뭘 네가 말하고 있는지 (네가 말하고 있는 것을).

_____ / _____

15 난 상관 안 해 / 어떻게 네가 그걸 하든지.

_____ / _____

16 난 이해가 안 돼 / 왜 그가 날 떠났는지.

_____ / _____

17 난 몰랐어 / 어디에 그녀가 있었는지.

_____ / _____

18 난 못 봤어 / 누가 그를 죽였는지.

_____ / _____

19 난 알아냈어 / 언제 그녀가 졸업했는지.　　　▶ 알아내다 find out

_____ / _____

20 난 알고 싶어 / 왜 네가 나를 거절했는지.　　　▶ 거절하다 reject

_____ / _____

검은띠 2단

STEP 2

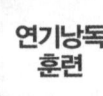 연기낭독 훈련

답을 맞춰 보며 상대방에게 이야기하듯 실감나게 낭독한 후 낭독 횟수를 체크하세요.

조용히, 억양 없이, 영혼 없이 낭독하면 공식으로만 남게 돼 매우 위험함.

		4회	8회	12회	16회	20회
1	I know where you went.	✓				
2	I know who you are.					
3	I know why you like her.					
4	I know when she left.					
5	I know how you found him.					
6	I know what you like.					
7	I don't know what you want.					
8	I don't know where he is working.					
9	I don't know who she defended.					
10	I don't know why she is crying.					
11	I don't know when this concert starts.					
12	I don't know how I finished it.					
13	I eat what she eats.					
14	I understand what you are saying.					
15	I don't care how you do it.					
16	I don't understand why he left me.					
17	I didn't know where she was.					
18	I didn't see who killed him.					
19	I found out when she graduated.					
20	I want to know why you rejected me.					

STEP 3

입영작 마스터 훈련

조금 더 자연스러운 우리말 문장을 보고 실감나게 입영작하세요.

'걔'는 he가 될 수도 she가 될 수도 있으며 여러분의 선택입니다.

1. 난 네가 어디 갔었는지 알아.
2. 난 네가 누군지 알아.
3. 난 네가 걔를 왜 좋아하는지 알아.
4. 난 걔가 언제 떠났는지 알아.
5. 난 네가 걔를 어떻게 찾았는지 알아.
6. 난 네가 뭘 좋아하는지 알아.
7. 난 네가 뭘 원하는지 몰라.
8. 난 걔가 어디서 일하고 있는지 몰라.
9. 난 걔가 누굴 옹호했는지 몰라.
10. 난 걔가 왜 울고 있는지 몰라.
11. 난 이 콘서트가 언제 시작하는지 몰라.
12. 난 내가 어떻게 그걸 끝마쳤는지 몰라.
13. 난 걔가 먹는 거 먹어.
14. 난 네가 말하고 있는 거 이해해.
15. 난 네가 그걸 어떻게 하든지 상관 안 해.
16. 난 걔가 왜 날 떠났는지 이해가 안 돼.
17. 난 걔가 어디 있었는지 몰랐어.
18. 난 누가 걔를 죽였는지 못 봤어.
19. 난 걔가 언제 졸업했는지 알아냈어.
20. 난 네가 왜 나를 거절했는지 알고 싶어.

심하게 버벅거림 : 1점
버벅거림은 줄었으나 책 읽듯 어색함 : 3점
연기하듯 자연스러움 : 5점

TOTAL 1차 2차 3차

40점 이하 — 연기낭독 훈련 부터 다시
41~79점 — 입영작 마스터 훈련 재도전
80점 이상 — 검은띠 2단 완성

검은띠 3단

IT'S EASY TO MASTER ENGLISH.

영어 마스터하는 거 쉬워.

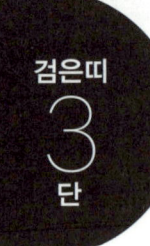 마유: 이래도 영어가 어려워?
달콤: 신기하다, 입영작. 이게 진짜 되긴 되네?
마유: 그래. **영어 마스터하는 거 쉬워.**

 마유는 영어를 마스터<u>하는 것이</u> 쉽다고 '**형용사**'로 표현하고 있습니다.

무기

[It is 형용사] + [to 동사]

[동사]하는 건 [형용사]하다

---

1 뭔가를 하는 것이 어떤 건지 [형용사]로 표현하고 싶을 때 사용하는 무기입니다.
특히, [동사] 이하가 길 때 위력을 발휘하며,
[It]이란 단어 자체는 해석하지 않습니다.

예) 불가능해 + 살을 빨리 빼는 건.
(It is impossible + to lose weight fast.)

쉬웠어요 + 입영작으로 영어 마스터하는 건.
(It was easy + to master English with 입영작.)

쉽지 않아 + 그녀로부터 신뢰를 얻는 건.
(It is not easy + to gain trust from her.)

2 [to 동사]는 원래 여러 가지로 해석될 수 있지만 이번 무기에서는
'~하는 것'으로 해석합니다.

244 입영작 영어회화 : 영어로 진짜 길게 말하기

무기 사용법: [It is 형용사] + [to 동사원형]

현재
1. 영어를 마스터하는 건 쉬워.
2. [쉬워] + [영어를 마스터하는 건].
   [It's easy] + [to master English].
3. It's easy to master English.

현재 (부정)
1. 그 가사를 외우는 건 쉽지 않아.
2. [쉽지 않아] + [그 가사를 외우는 건].
   [It's not easy] + [to memorize the lyrics].
3. It's not easy to memorize the lyrics.

과거
1. 그녀를 거기서 보는 건 아이러니했어.
2. [아이러니했어] + [그녀를 거기서 보는 건].
   [It was ironic] + [to see her there].
3. It was ironic to see her there.

무기 UPGRADE
질문형의 경우에는 [It is] 대신 [Is it]을 사용.
예) Is it easy to speak English? (영어를 하는 건 쉽니?)
예) Was it difficult to finish the chapter? (그 챕터를 마치는 건 어려웠니?)

예문 폭탄

1. **It's difficult / to understand your Korean.**
   (힘들어 / 네 한국어를 이해하는 건.)

2. **It's exciting / to see them here.**
   (신나 / 그들을 여기서 보는 건.)

3. **It's lovely / to be with you.**
   (너무 좋아 / 너와 함께 있는 건.)

4. **It's not cool / to lie.**
   (쿨하지 않아 / 거짓말하는 건.)

5. **It was boring / to talk to Andrew.**
   (지루했어 / Andrew와 얘기하는 건.)

6. **It was awesome / to see Matt Damon in person.**
   (멋졌어 / Matt Damon을 직접 보는 건.)

7. **It wasn't great / to see my ex-girlfriend.**
   (좋지 않았어 / 내 전 여자친구를 보는 건.)

8. **Is it fun / to snowboard?**
   (재미있니 / 스노보드를 타는 건?)

9. **Is it rewarding / to teach your students?**
   (보람 있니 / 네 학생들을 가르치는 건?)

10. **Was it easier / to go shopping with your boyfriend?**
    (더 쉬웠니 / 네 남자친구와 쇼핑 가는 건?)

STEP 1

손영작 입영작 어순 훈련

막히지 않을 때까지 손영작+입영작 무한반복 하세요.

1 쉬워 / 일본어를 마스터하는 건.

_____ / _____

2 중요해 / 돈을 버는 건.

_____ / _____

3 재미있어 / 이 게임을 하는 건.

_____ / _____

4 고통스러워 / 매일 일하는 건. ▶ 고통스러운 painful

_____ / _____

5 쿨해 / 스키니진을 입는 건.

_____ / _____

6 어렵지 않아 / 일찍 일어나는 건.

_____ / _____

7 쉽지 않아 / 이 문장을 이해하는 건.

_____ / _____

8 건강에 좋지 않아 / 매일 마시는 건.

_____ / _____

9 싸지 않아 / 집을 유지하는 건. ▶ 유지하다 maintain

_____ / _____

10 흔하지 않아 / 용을 보는 건. ▶ 흔한 common ▶ 용 dragon

_____ / _____

성급히 넘어가면 결국 또다시 왕초보 영어에 머물 것을 보장함

11 좋았어 / 내 친구들을 보는 건.

_____ / _____

12 편리했어 / 이 작은 랩탑을 사용하는 건.   ▶ 편리한 convenient

_____ / _____

13 가장 쉬웠어 / 공부하는 건.

_____ / _____

14 비쌌어 / 그 호텔에 머무는 건.

_____ / _____

15 아이러니했어 / Roy를 보는 건.   ▶ 아이러니한 ironic

_____ / _____

16 지루하지 않았어 / 너와 얘기하는 건.

_____ / _____

17 로맨틱하지 않았어 / 그 도서관 안에서 데이트하는 건.

_____ / _____

18 옳지 않았어 / 그를 때리는 건.   ▶ 옳은 right

_____ / _____

19 특별하지 않았어 / 홍콩을 방문하는 건.

_____ / _____

20 안전하니 / 거기서 사는 건?

_____ / _____

STEP 2

 연기낭독 훈련

답을 맞춰 보며 상대방에게 이야기하듯 실감나게 낭독한 후 낭독 횟수를 체크하세요.

조용히, 억양 없이, 영혼 없이 낭독하면 공식으로만 남게 돼 매우 위험함.

1. It is easy to master Japanese.
2. It is important to make money.
3. It is fun to play this game.
4. It is painful to work every day.
5. It is cool to wear skinny jeans.
6. It is not difficult to wake up early.
7. It is not easy to understand this sentence.
8. It is not healthy to drink every day.
9. It is not cheap to maintain a house.
10. It is not common to see a dragon.
11. It was good to see my friends.
12. It was convenient to use this small laptop.
13. It was the easiest to study.
14. It was expensive to stay at the hotel.
15. It was ironic to see Roy.
16. It was not boring to talk to you.
17. It was not romantic to date in the library.
18. It was not right to hit him.
19. It was not special to visit Hong Kong.
20. Is it safe to live there?

STEP 3

입영작 마스터 훈련

조금 더 자연스러운 우리말 문장을 보고 실감나게 입영작하세요.

'걔'는 he가 될 수도 she가 될 수도 있으며 여러분의 선택입니다.

1. 일본어 마스터하는 거 쉬워.
2. 돈 버는 건 중요하지.
3. 이 게임하는 거 재미있어.
4. 매일 일하는 거 고통스러워.
5. 스키니진 입는 건 쿨해.
6. 일찍 일어나는 거 안 어려워.
7. 이 문장 이해하는 거 쉽지 않아.
8. 매일 마시는 건 건강에 좋지 않아.
9. 집을 유지하는 건 싸지 않아.
10. 용을 보는 건 흔치 않아.
11. 내 친구들 보는 거 좋았어.
12. 이 작은 랩탑 쓰는 거 편리했어.
13. 공부하는 게 가장 쉬웠어.
14. 그 호텔에 머무는 거 비쌌어.
15. Roy를 보는 건 아이러니했어.
16. 너랑 얘기하는 건 지루하지 않았어.
17. 그 도서관 안에서 데이트하는 건 로맨틱하지 않았어.
18. 걔를 때리는 건 옳지 않았어.
19. 홍콩을 방문하는 건 특별하지 않았어.
20. 거기 사는 거 안전해?

심하게 버벅거림 : 1점
버벅거림은 줄었으나 책 읽듯 어색함 : 3점
연기하듯 자연스러움 : 5점

TOTAL 1차 2차 3차

40점 이하 — 연기낭독 훈련 부터 다시
41~79점 — 입영작 마스터 훈련 재도전
80점 이상 — 검문띠 3단 완성

Epilogue

"18 belts, 176 weapons, and 3,520 sentences later,
you have finally reached this page.

I truly appreciate your passion, consistency, and hard work.
You truly deserve my utmost respect."

오늘부터는 영어가 여러분의 가장 강력한 무기입니다.
어차피 해낼 줄 알았지만 그래도 정말 수고 많으셨습니다.
멈추지 마세요. 계속 무기를 업그레이드 시키세요.

– 마스터유진

〈입영작 영어회화〉 시리즈

1	**입영작 영어회화 :** 영어로 잘 물어보기
2	**입영작 영어회화 :** 영어로 잘 대답하기
3	**입영작 영어회화 :** 영어로 더 잘 대답하기
4	**입영작 영어회화 :** 영어로 진짜 길게 말하기